DISCOVER
CHINA
发现中国
World Heritage Sites
世界遗产

林德汤 编

北京出版集团
北京出版社

图书在版编目（CIP）数据

世界遗产 / 林德汤编. — 北京 : 北京出版社，
2020.10
（发现中国）
ISBN 978-7-200-14843-5

Ⅰ．①世… Ⅱ．①林… Ⅲ．①文化遗产 — 介绍 — 中国
Ⅳ．①K103

中国版本图书馆CIP数据核字(2019)第062061号

总 策 划：黄雯雯
策划编辑：杨薪誉
责任编辑：张亚娟
责任校对：韩　莹
封面设计：王红卫　张琰
内文设计：魏建欣
责任印制：武绽蕾

发现中国
世界遗产
SHIJIE YICHAN

林 德 汤 编
＊
北 京 出 版 集 团
北 京 出 版 社 出版
（北京北三环中路6号）
邮政编码：100120
网　　　址：www.bph.com.cn
北 京 出 版 集 团 总 发 行
新 华 书 店 经 销
天 津 联 城 印 刷 有 限 公 司 印刷
＊
710毫米×1000毫米　16开本　14印张　246千字
2020年10月第1版　2020年10月第1次印刷
ISBN 978-7-200-14843-5
定价：78.00元
如有印装质量问题，由本社负责调换
质量监督电话：010-58572393

前言

大自然是神奇的，总是在不经意间呈现出一个又一个令人惊叹的奇迹。勤劳的中华先民是伟大的，在数千年的历史中创造出无数令人赞叹的文化。这些奇迹和文化熠熠生辉，成为世界遗产，成为全人类共同的财富。

千人千面，每一处世界遗产都是唯一的。中国世界遗产所囊括的深邃历史、浑然天成的自然奇观、叹为观止的艺术创造，似一幅幅缓缓铺陈的画卷，令人仰止。

截至2019年7月6日，中国世界遗产已达55项，其中世界文化遗产37项、世界文化与自然双重遗产4项、世界自然遗产14项。申报世界遗产是为了保护人类的记忆，保护人类和自然最珍贵的东西。文化遗产是一个国家和民族的根与魂，要增强世界文化遗产视野下的文化自信，保护好、管理好代表中华民族传统文化的遗产。让历史"讲"故事，把遗产之美呈现出来，让文物"活"起来。

说起中国世界遗产的美，就不能拘泥于建筑本身的艺术价值。审视一座建筑，要透过其外形、装饰的美去剖析历史文化的美。如果说人类惧怕时间，那么时间一定惧怕这些古建筑，建筑本身是沧桑的，它们历经数千年的历史变更，见证了人间世态变迁。

记录中国世界遗产的美，是对历史的尊重。用心感受一座建筑，就能打破历史空间使现在与过去交错相融，与时间"对话"。抚摩着一砖一瓦、一梁一柱、一门一窗，为中国人的智慧和审美而感到自豪。

本书选取55项中国世界遗产，辅以精美的图片，多角度纵深地展示这些世界遗产的独特魅力。可以让你近距离感受古老的文明、原始的自然风貌，以及人文与自然交相辉映的世界遗产所蕴含的历史文化底蕴；可以让你深入了解世界遗产的价值，了解人类的文明和大自然创造的奇迹。

目录

第三章

文化与自然双重遗产

193

文化遗产

第一章

中国的世界文化遗产凝结了中国劳动人民的智慧，承载了中华民族上下五千年的记忆。

长城

坐　　标：河北省、北京市、天津市、山西省、陕西省、甘肃省、内蒙古自治区、黑龙江省、吉林省、辽宁省、山东省、河南省、青海省、宁夏回族自治区、新疆维吾尔自治区

批准时间：1987年12月

景　　观：八达岭长城、嘉峪关长城、慕田峪长城、山海关、镇北台

　　《史记·楚世家》记载："齐宣王乘山岭之上，筑长城，东至海，西至济州，千余里，以备楚。"

八达岭长城夏日风光

嘉峪关长城

◎ 从"诸侯互防长城"到"拒胡长城"

周幽王烽火戏诸侯是最早的关于长城的故事。

公元前7世纪的春秋时期，楚国最早修筑了防御别国入侵的"楚方城"。战国时期，齐、魏、赵、秦、燕和中山等诸侯国也相继修建了"诸侯互防长城"。其中，秦、赵、燕三国和北方强大的游牧民族匈奴毗邻，在修筑"诸侯互防长城"的同时，又在北部修筑了"拒胡长城"。以后这些诸侯国的历代君王几乎都加固增修长城。秦统一后，废弃了隔离于各诸侯国间的长城，将秦、赵、燕北部边境的长城连接起来，

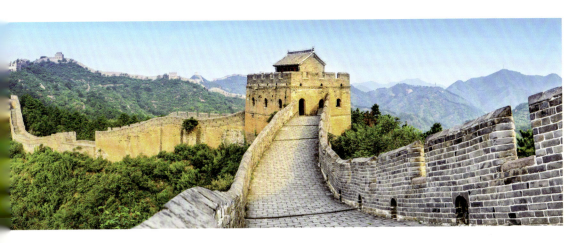

八达岭长城夜景

并进行扩展和修缮，第一次形成了一条西起临洮、东至辽东蜿蜒万余里（1里=500米）的长城，万里长城由此成形。

　　据相关史料记载，秦始皇调动了近百万劳动力修筑长城。到了汉代，继续对长城进行修建，以抵御北方匈奴的侵袭。从汉文帝到汉宣帝，筑成了一条西起大宛贰师城、东至鸭绿江北岸全长近1万千米的长城。汉长城堪称历史上最长的长城。当时没有任何机械可以使用，全部修建工作都由人力完成，环境十分恶劣，或位于崇山峻岭，或居于峭壁深壑，十分艰苦。

　　长城始建于春秋时期，修建历史达2000多年，今天所指的万里长城多指明代修建的长城。明代在"外边"长城之外，还修筑了"内边"长城和"内三关"长城。"内边"长城以北齐所筑长城为基础，起自内蒙古与山西交界处的偏关以西，东行经雁门关、平型关等入河北，然后向东北，经涞源、房山、昌平，直达居庸关，

云雾中的八达岭长城

然后又由北向东，至怀柔的四海关与"外边"长城相接，以紫荆关为中心，大致呈南北走向；"内三关"长城在很多地方和"内边"长城并行，有些地方相隔仅数十里。除此以外，还修筑了大量"重城"。

据历史文献记载，有20多个诸侯国家修筑过长城，若把各个时代修筑的长城加起来超过10万里。其中，秦、汉、明3个朝代所修长城的长度都超过了1万里。1987年，长城被列入《世界遗产名录》。

◎ 八达岭长城

八达岭长城位于北京市延庆区军都山关沟古道北口，为中国古代伟大的防御工程万里长城的重要组成部分，是明长城的一个隘口。自古就有"居庸之险不在关而

1	
2	3

1. 月下八达岭长城烽台

2. 贺兰山东麓明长城

3. 贺兰山岩画

在八达岭"之说，八达岭段被称作"玉关天堑"，为明代居庸关八景之一。

八达岭长城前后共建墩台1316座，主要景点有望京石、天险留题、弹琴峡、岔道城、古炮、关城等。其关城为东窄西宽的梯形，始建于明弘治十八年（1505年），嘉靖、万历年间曾修葺。关城有东、西二门，东门额题"居庸外镇"，刻于明嘉靖十八年（1539年）；西门额题"北门锁钥"，刻于明万历十年（1582年）。两门均为砖石结构，券洞上为平台，台之南北各有通道，连接关城城墙，台上四周砌垛口。

02

莫高窟

坐　　标：甘肃省敦煌市

批准时间：1987年12月

景　　观：九层楼、三层楼、藏经洞、藏经洞陈列馆

◎ "东方卢浮宫"

　　莫高窟位于甘肃省敦煌市，因其内有千窟，每窟均有不同形态的佛像，故有"千佛洞"之称。莫高窟始建于十六国的前秦时期，历经数代兴建，到元代形成目前的规模。

　　最早和莫高窟有关的记载，是关于一位名为乐僔的云游僧人。他游历于此，见鸣沙山崖壁散发万丈光芒，犹如千佛显现，于是便在此凿窟修行，凿出了莫高窟上第一窟。后有法良禅师见其窟，也在莫高窟上建窟修行。这便是莫高窟最早的原形。到了南北朝时期，佛教开始盛行于上层社会，对莫高窟规模化的建造也由此开始。直至盛唐，莫高窟的建造达到一个全盛时期。

　　莫高窟现有洞窟735个、壁画4.5万多平方米、彩塑2400余尊，是世界上现存规模最大、内容最丰富的佛教艺术宝库，被称为"东方卢浮宫"。1987年，莫高窟被列入《世界遗产名录》。

1 | 2 / 3

1. 莫高窟壁画

2. 莫高窟建筑细节

3. 莫高窟双塔

◎ 莫高窟为何建在断崖上

石窟在选址时，需依山开凿。不仅要考量环境是否清幽，还要有可供开凿的崖壁。敦煌莫高窟地处戈壁滩，其所依山岩为砾岩地质。因硬度、大小和密度不尽相同，所开凿的洞窟呈现高低不一的形态。

有山有水才是清修之地的首选。莫高窟周边也不是只有戈壁滩，还有汇聚成河的泉水。山水相依，随着石窟的不断增多，莫高窟在唐代就形成了"斯构嘉立，雕檐化出，巍峨不让龙宫"和"前流长河，波映重阁。风鸣树道……更澄清净之趣"的壮观景象。

在唐代，有相关碑文对莫高窟赞美道："西连九陇坂，鸣沙飞井擅其名；东接三危峰，滋露翔云滕其美；左右形胜，前后显敞，川原丽，物色新。""珍木嘉卉生其谷，绚花叶而千光。"因莫高窟地理位置极佳，既不会经常受风雨的侵袭，也不易被积雪覆盖。不得不说，这是一处得天独厚的开凿石窟的好地方。

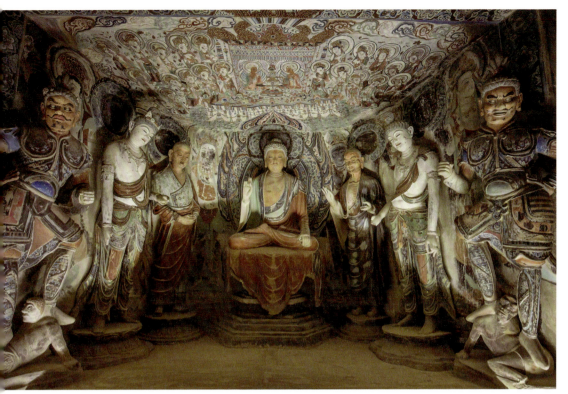

精致彩塑

◎ 令人惊叹的无价瑰宝

　　流连在各个洞口，领略古人精湛的艺术成就。看着衣着华丽的飞天，不禁会有飞天到底是男还是女的疑问。飞天的由来有两种说法：一是源自印度佛教中的天人，指的是印度佛教中比菩萨地位低的护法神；二是羽人，常出现在中国古代的原始艺术、图腾艺术和岩画中。

　　北凉时，莫高窟初建，壁画中的飞天以男性为主。飞天的造型简朴，动作僵硬，飘带舞动的形式较为单一，男性的形象突出，身子呈"U"形。北魏时，飞天的性别有向女性转变的趋势。此时的飞天造型更多了几分阴柔之美，整体形态较为修长，但其中依然保留部分男性特征。隋代为敦煌飞天最多的时期，主要以女性为主。到了唐代，飞天造型上的女性特征更为突出。

　　飞天从初始典型的男性形象到唐代婀娜多姿的仕女形象，历经300多年的发展，完成了中国化的历程。

03

北京故宫

坐　　标：北京市东城区
批准时间：1987年12月
景　　观：乾清宫、交泰殿、坤宁宫、御花园

◎ 中国古代宫廷建筑的精华

　　北京故宫是中国明清两代的皇家宫殿，旧称紫禁城，位于北京中轴线的中心，是中国古代宫廷建筑的精华。北京故宫以三大殿为中心，占地面积72万平方米，建筑面积约15万平方米，有大小宫殿70多座，房屋9000余间，是世界上现存规模最大、保存最为完整的木质结构的古建筑之一。

　　北京故宫始建于明成祖永乐四年（1406年），以南京故宫为蓝本，到明永乐十八年（1420年）建成。紫禁城内的建筑分为外朝和内廷两部分。外朝的中心为太和殿、中和殿、保和殿，统称三大殿，是国家举行盛大典礼的地方。内廷的中心是乾清宫、交泰殿、坤宁宫，统称后三宫，是皇帝和皇后居住的正宫。北京故宫被誉为世界五大宫（中国北京故宫、法国凡尔赛宫、英国白金汉宫、美国白宫、俄罗斯克里姆林宫）之首，并于1987年被列入《世界遗产名录》。

$$\frac{1}{2 \mid 3}$$

1. 壮丽的北京故宫博物院
2. 沈阳故宫金龙雕塑装饰
3. 北京故宫屋脊神兽

◎ 三大殿院内不种树

关于在三大殿院内不种树，有三种不同的说法：

第一种说法是为凸显这组宫殿的威严，烘托恢宏的气势。从天安门起，到端门、午门、太和门，这之间一连串的庭院内在辛亥革命前是不允许种树的。因为在当时人们觐见皇帝，从天安门进入后，要经过漫长的御道，在不知不觉中会感受到无形的威慑力，最后进入太和门，没有树木的遮挡，可以看到开阔的广场和高耸巍峨的大殿。这时，威慑力达到顶峰，威严的效果自然也就达到了。

第二种说法是中国古代有五行相克之说。古人认为皇帝在五行中属"土"，而"木"克"土"，所以太和殿、中和殿和保和殿的台基就是一个坐北朝南的"土"字形，且不能种树。

第三种说法是不种树可保障视线不被遮挡，有效地提防刺客，以确保皇帝和大臣们的安全。

◎ 故宫有多少条龙

在中国古代传说中，龙是神通广大的神异动物。到了汉代以后，龙被象征为有圣德的君王。帝王被称作"真龙天子"，为最尊贵者。帝王借龙神化自己，五爪金龙也因此成为故宫中占主宰地位的图案。

故宫是明清两代的皇宫，殿堂、桥梁、丹陛、石雕及帝后宝玺、服饰御用品均

故宫护城河

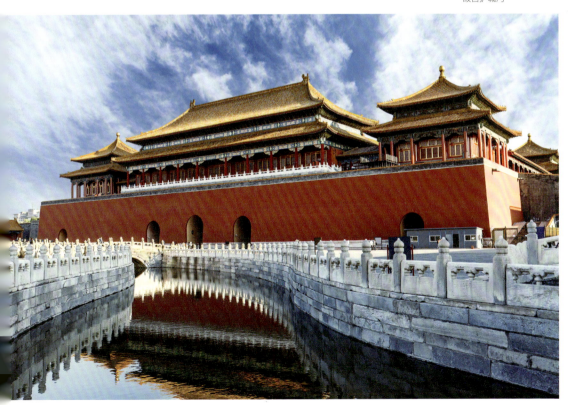

以龙为纹饰。故宫有9000多间房子，如果每间房子按照平均5条龙计算的话，故宫有近5万条龙。

再细分，太和殿皇帝宝座的椅背上缠绕的是9条金龙。大殿内的木柱为金色，柱上饰金龙盘绕。屋脊、瓦当和滴水处有2632条龙纹，外檐额枋及门窗彩绘包括饰件上有5732条龙纹，殿内檐及殿内梁枋天花上有4037条龙纹，殿中金柱、藻井、宝座、屏风及陈设上共有609条龙纹，殿内墙壁及暖阁门罩等共有542条龙纹。殿顶的藻井雕刻有巨龙，天花板由无数的正方形组成，每个正方形上都绘有"二龙戏珠"。另外，乾清宫"正大光明"匾下描绘着5条金龙，宁寿门外壮阔的九龙壁上则将9条飞龙分布于5个空间。

◎ 曾经的陪都宫殿

2004年7月1日，沈阳故宫作为明清皇宫文化遗产扩展项目被列入《世界遗产名录》。

沈阳故宫位于辽宁省沈阳市，是中国仅存的两大完整的明清宫殿建筑群之一，又称盛京皇宫，为清朝初期的皇宫。沈阳故宫始建于后金天命十年（1625年），建成于清崇德元年（1636年）。清迁都北京后，被称作陪都宫殿、留都宫殿。后经康熙、乾隆年间的改建、增建形成了现如今占地面积达6万平方米的格局，有宫殿、亭台、楼阁、斋堂等古建筑114座，共计500余间。

清廷将大量皇家珍藏储藏于沈阳故宫。其中，清帝的圣容、行乐图储藏于凤凰楼；玉牒储藏于敬典阁；满文老档、汉文旧档、历朝实录、圣训储藏于崇谟阁；皇帝御用武备、青铜器储藏于飞龙阁。沈阳故宫鼎盛时期藏品累积达十几万件之多，与北京故宫、热河行宫（现承德避暑山庄）一起，成为举世瞩目的清代三大皇家宫廷文物收藏宝库。

在宫廷遗址上建立的沈阳故宫博物院，按照建筑布局和建造先后分为东路、中路、西路3个部分。东路包括努尔哈赤时期建造的大政殿与十王亭，是皇帝举行大典和八旗大臣办公的地方；中路续建于清太宗时期，是皇帝进行政治活动和嫔妃居住的场所；西路是清代皇帝东巡盛京（现沈阳市）时，读书看戏和存放《四库全书》的场所。

$\dfrac{1}{2}$　1. 故宫铜狮

　2. 故宫九龙壁

秦始皇陵及兵马俑

坐　　标：陕西省西安市临潼区骊山北麓

批准时间：1987年12月

景　　观：出土文物陈列室、铜车马展厅、秦始皇陵

◎ 修了近40年的秦始皇陵

秦始皇陵位于陕西省西安市临潼区骊山北麓。秦始皇本名嬴政，是中国历史上第一位皇帝。文献中记载秦始皇从13岁即位起，就开始给自己修建陵墓，直至其50岁去世，而他的儿子将他埋葬后又修建了近2年，历时近40年。陵墓由丞相李斯主持规划设计，大将章邯监工。据史料记载，秦朝总人口约2000万，而筑陵劳役达72万。修陵冢用土取自今陵园以南2000米的三刘村到采石场之间，该地有高5～25米的多级黄土崖。

秦始皇陵是中国历史上第一座规模庞大、设计完善的帝王陵寝，有内外两重夯土城垣，象征着帝都咸阳的皇城和宫城。陵冢位于内城南部，呈覆斗形，现高51米，底边周长1700余米。据史料记载，秦始皇陵中还建有各式宫殿，陈列有许多奇珍异宝。秦始皇陵四周分布着大量形制不同、内涵各异的陪葬坑和墓葬，现已探明的有400多个，其中包括举世闻名的"世界第八大奇迹"兵马俑坑。

秦始皇陵是世界上规模最大、结构最奇特、内涵最丰富的帝王陵墓之一，充分

骊山日出

表现了2000多年前中国劳动人民的智慧，是中华民族的骄傲和财富。秦始皇陵及兵马俑于1987年被列入《世界遗产名录》。

◎ 你了解世界第八大奇迹吗

兵马俑坑是秦始皇陵的陪葬坑，位于秦始皇陵东侧1500米处，1974年被发现。兵马俑坑坐西向东，三坑呈"品"字形排列。最早发现的是一号坑。一号坑居南，东西长230米，南北宽62米，面积为14260平方米；二号坑东西长96米，南北宽84米，面积约为6000平方米；三号坑面积为520平方米。

兵马俑坑内丛葬大量与真人真马等大的陶质彩绘兵马俑和当时实战使用的兵器。出土文物达一万件之多。在一号坑中已发掘出武士俑500余件、战车6乘、驾车马24匹，还有青铜剑、吴钩、矛、箭、弩机、铜戟等实战用的青铜兵器和铁器。俑坑东端有210个与人等高的陶武士俑，面部神态、服饰、发型各不相同，个个栩栩如生，形态逼真，排成3列横队，每列70人，其中除3个领队身着铠甲，其余均穿短褐，腿扎裹腿、线履系带，免盔束发，挽弓挎箭，手执弩机，似待命出发的前锋部队。其后是6000个铠甲俑组成的主体部队，个个手执长3米左右的长矛、戈、戟等长兵器，同35乘驷马战车间隔在11条东西向的过洞里，排成38路纵队。南北两侧和两端，各有一列武士俑，似为卫队，以防侧尾受袭。

<table>
<tr><td>1</td></tr>
<tr><td>2</td></tr>
</table>

1. 壮观的兵马俑坑

2. 兵马俑三号坑

周口店北京人遗址

坐　　标：北京市房山区周口店龙骨山

批准时间：1987年12月

景　　观：猿人洞、新洞、山顶洞、博物馆

◎ 中国的周口店，世界的"北京人"

　　周口店北京人遗址位于北京市房山区周口店龙骨山，是中国旧石器时代的重要遗址。1927年开始发掘，洞内发现了3个完整的头盖骨和一些残骨。这里地处山区和平原交界处，东南为华北大平原，西北为山地。周口店附近的山地多为石灰岩，在水力作用下，形成许多大小不等的天然洞穴。山上有一东西长约140米的天然洞穴，俗称"猿人洞"。1929年在此洞中首次发现古代人类遗存，后被称为"周口店第一地点"。1987年周口店北京人遗址被列入《世界遗产名录》。

　　周口店最早被发现的地点是第六地点，是瑞典科学家安特生于1918年发现的。1921年，安特生、美国古生物学家葛兰格和奥地利古生物学家斯丹斯基，发现了周口店第一地点，同年发现了周口店第二地点。1927年，步达生将周口店发现的3枚人的牙齿正式命名为中国猿人北京种，同年对周口店进行大规模系统发掘，共发现不同时期的各类化石和文化遗物地点27处，发掘出土代表40多个"北京人"的化石遗骸、10多万件石器、近200种动物化石及大量的用火遗迹等，成为举世闻名的人类化

1
———
2｜3

1. 龙骨山
2. 发现"北京人"遗骸的山洞
3. "北京人"头骨模型

石宝库和古人类学、考古学、古生物学、地层学、年代学、环境学及岩溶学等多学科综合研究基地。"北京人"及其文化的发现与研究，解决了19世纪爪哇人发现以来的关于"直立人"是猿还是人的争论问题。

◎山顶洞人遗址

　　山顶洞人遗址因发现于周口店北京人遗址顶部的一个山洞而得名。遗址于1930年被发现，1933年和1934年两度被发掘。山顶洞人遗址分洞口、上室、下室和下窖4部分。上室为居住室，发现有婴儿头骨碎片、骨针、装饰品和少量石器，上室中央还有一大块灰烬。下室为葬地，发现3个完整的人头骨和一些躯干骨，从头骨判断，当为一男二女。下窖在下室最深处，发现了许多完整的兽骨架，包括熊、鹿子、赤鹿、梅花鹿、鬣狗和羚羊等哺乳动物化石。在山顶洞人遗址发现的人骨骼化石，主要有5个成年人、1个少年、1个5岁小孩和1个婴儿。从发掘出土的化石来看，山顶洞人处于旧石器时代晚期，属于晚期智人。在洞穴中，考古学家还发现了石器、骨角器和装饰品。最具代表性的是一枚骨针，长8.2厘米，针身微弯。这些发现都表明山顶洞人和"北京人"有着很大的不同。

山顶洞人

博物馆内的原始人取火雕像

布达拉宫、大昭寺、罗布林卡

坐　　标：西藏自治区拉萨市
批准时间：1994年、2000年、2001年
景　　观：布达拉宫、大昭寺、罗布林卡

◎ 布达拉宫墙里的秘密

　　位于西藏自治区拉萨市西北玛布日山上的布达拉宫，是世界上海拔最高，集宫殿、城堡和寺院于一体的建筑，也是西藏最庞大、最完整的古代宫堡建筑群。

　　布达拉宫依山垒砌，群楼重叠，是藏式古建筑的杰出代表，是中华民族古建筑的精华之作。1994年，联合国教科文组织将其列入《世界遗产名录》。布达拉宫主体建筑是白宫和红宫。相传布达拉宫是7世纪吐蕃王朝赞普松赞干布为迎娶墀尊公主和文成公主而兴建的。1645年，布达拉宫得固始汗和格鲁派摄政者索南群培重建，成为历代达赖喇嘛冬宫居所，以及重大宗教和政治仪式的举办地，也是供奉历世达赖喇嘛灵塔之地，旧时与驻藏大臣衙门共为西藏统治中心。

　　布达拉宫是独特的，高大的外墙给人一种庄严肃穆的感觉。红、白、黄3种色彩的鲜明对比，依山垒砌，群楼重叠，且分部合筑、层层套接的建筑形体，无不体现着藏族古建筑的特色。白墙又称牛奶墙，其建筑涂料里添加了牛奶、白糖、蜂蜜和藏红花，加入牛奶和白糖是为了使墙皮不易脱落，而加入藏红花是为了达到防虫的

1
—
2 | 3

1. 壮观的布达拉宫
2. 庙宇装饰
3. 转经筒和朝圣的人们

功效；红墙又称白玛草墙，是用西藏特有的植物白玛草砌压而成，再染上赭红色，就有了如今人们看到的红墙。

2000年11月和2001年12月，大昭寺和罗布林卡作为布达拉宫历史建筑群的扩展项被列入《世界遗产名录》。

罗布林卡

◎ 藏汉建筑艺术完美结合的大昭寺

　　大昭寺始建于7世纪，距今已有1300多年的历史，占地面积2.5万平方米。正门左右两侧共有30根立柱直通殿顶，最粗的立柱直径达1.5米，最细的立柱直径也近1米。寺内设有13个佛堂，供有佛像300多尊。主殿高4层，殿顶覆盖着独具一格的金顶，顶脊上有法轮、卧鹿、金幢等。殿门边框上雕刻着莲花、飞天、禽兽等图案，具有唐代建筑的风格。主殿第二层、第三层檐下，有成排的木雕伏兽和狮身人面泥质半圆雕塑。整座建筑既保留了藏族传统的建筑形式和特点，又融合了唐代建筑浑厚古朴的风格。

　　佛殿两旁的配殿中供有松赞干布、文成公主、墀尊公主塑像，唐代的丝织佛像，元代的大银灯，明代的珍珠佛衣、金灯。殿堂内绘满各种壁画，题材涉及政治、经济、历史、文化、宗教和社会生活等诸方面，为研究中国古代历史提供了宝贵资料。

1

2

1. 金碧辉煌的大昭寺

2. 白塔

07

承德避暑山庄
及周围寺庙

坐　　标：河北省承德市
批准时间：1994年12月
景　　观：普宁寺、松鹤斋、丽正门

◎ 皇家夏都

　　承德避暑山庄又称"承德离宫"或"热河行宫"，位于河北省承德市北部，是清代皇帝夏天避暑和处理政务的场所，1994年12月被列入《世界遗产名录》。

　　避暑山庄分为宫殿区、湖区、平原区、山峦区四大部分，山庄整体布局巧用地形，因山就势，东南多水、西北多山，与其他园林相比，有其独特的风格。建筑既有南方园林的风格，结构上又沿袭北方常用的手法，成为南北建筑艺术完美结合的典范，为中国园林史上一座里程碑，享有"中国地理形貌之缩影"和"中国古典园林之最高范例"的盛誉。

　　避暑山庄最大的特色是山中有园、园中有山，大小建筑有120多组，其中康熙皇帝以4字组成36景，乾隆皇帝以3字组成36景，这就是山庄著名的72景。康熙朝定名的36景为烟波致爽、芝径云堤、无暑清凉、延薰山馆、水芳岩秀、万壑松风、松鹤清樾、云山胜地、四面云山、北枕双峰、西岭晨霞、锤峰落照、南山积雪、梨花伴月、曲水荷香、风泉清听、濠濮间想、天宇咸畅、暖流暄波、泉源石壁、青枫

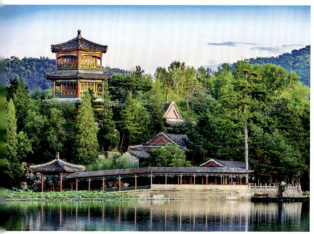

1 ┃ 2 │ 3

1. 普陀宗乘之庙鸟瞰图
2. 晨光中的"小金山"
3. 普宁寺

绿屿、莺啭乔木、香远益清、金莲映日、远近泉声、云帆月舫、芳渚临流、云容水态、澄泉绕石、澄波叠翠、石矶观鱼、镜水云岑、双湖夹镜、长虹饮练、甫田丛樾、水流云在；乾隆朝定名的36景为丽正门、勤政殿、松鹤斋、如意湖、青雀舫、绮望楼、驯鹿坡、水心榭、颐志堂、畅远台、静好堂、冷香亭、采菱渡、观莲所、

避暑山庄景色迷人

清晖亭、般若相、沧浪屿、一片云、萍香泮、万树园、试马埭、嘉树轩、乐成阁、宿云檐、澄观斋、翠云岩、罨画窗、凌太虚、千尺雪、宁静斋、玉琴轩、临芳墅、知鱼矶、涌翠岩、素尚斋、永恬居。

◎ 避暑山庄为何选址承德

　　300多年前，清代处于初建阶段。清廷王室一方面为了保持本民族"骑射"传统，另一方面为了加强对蒙古地区的管理，在距京城350千米的翁牛特、敖汉、巴林、克什克腾、喀喇沁等蒙古族游牧的地方建立了木兰围场。每年中秋节后，皇帝都会带着数万人去狩猎，历时20天左右，史称"秋狝大典"。

　　为了更好地解决路途中的吃住问题，也为了更稳妥地确保物资运输问题，于是在沿途建立了20余座行宫，热河行宫就是其中之一。而后，康熙皇帝决定为皇室建一个既离京师近，又方便避暑；既便于会见少数民族王公贵族，又可作为木兰围场

途中歇脚的场所。于是，承德成了修建避暑山庄的理想之地。整个避暑山庄的修建工程历经康熙、雍正、乾隆三朝，历时近90年。

◎ 避暑山庄的"避"字为何多一笔

在避暑山庄正殿大门上方悬挂的匾额上有"避暑山庄"4个镏金大字，为康熙帝的御笔。但不难发现，"避"字上多了一横，这又是为何呢？

一说，这是康熙帝笔误；二说，在清代"避"字有两种用法，无论用哪一种都无错；三说，因康熙帝忌讳"避"字中逃难的意思，故特意加了一笔，意为此地为"避暑"之地，并非"避难"之地；四说，这一笔借自山西五台山，因五台山的"灵峰胜境"也是康熙帝题字，"峰"字少了一横。

08

曲阜孔府、孔庙、孔林

坐　　标：山东省曲阜市

批准时间：1994年12月

景　　观：孔府、孔庙大成殿、杏坛、十三碑亭、
　　　　　孔子墓、孔林

◎ 细说曲阜"三孔"

　　有着"千年礼乐归东鲁，万古衣冠拜素王"美誉的曲阜，之所以被世人知晓，关键是孔子。曲阜建有孔府、孔庙、孔林，统称"三孔"，是中国历代纪念孔子、推崇儒学之地。1994年"三孔"被联合国教科文组织列入《世界遗产名录》。

　　孔府，又称衍圣公府，始建于明洪武十年（1377年），明弘治十六年（1503年）重修。孔府位于孔庙的东侧，为孔子后裔居住的地方。孔府共有堂、厅、楼、房463间，九进庭院，分为东、西、中3路。东路是家庙，西路是大学，中路是主楼。中路前为官衙，设三堂六厅；后为内宅，设前上房、前堂楼、后堂楼、后五间。府内所藏文物十分丰富，其中"商周十器"原为宫廷所藏青铜礼器，清高宗于乾隆三十六年（1771年）赏赐孔府。

　　孔子去世后第二年，鲁哀公将其旧宅改建为孔庙。其规模宏大、雄伟壮丽，为中国最大的祭祀要地。历代帝王不断加封孔子，扩建庙宇。至清代，雍正帝下令大修，扩建成现在规模。孔庙内共有九进院落，以南北为中轴，分左、中、右3路，长

发现中国　世界遗产／030

1. 孔庙的万仞宫墙
2. 孔子墓墓门
3. 孔府壁画《戒贪图》

630米、宽140米，有殿、堂、坛、阁460多间，门坊54座，御碑亭13座。

孔林，本称至圣林，位于曲阜城北1.5千米处。孔林是孔子及其后裔的家族墓地，是世界上延续时间最长的家族墓地，是中国规模最大、持续年代最长、保存最完整的人工园林和氏族墓葬群。

孔林最初不过1万平方米，2500年来孔子后裔及孔氏族人多埋葬于此，历代帝王

孔庙大成殿龙纹石雕

又不断赐给祭田、墓田，面积不断扩大。 至清雍正八年（1730年）大兴土木，历时3年，建成这座有古树3万余株，占地约200万平方米，规模宏大的人工园林。其垣墙周长5591米，墙高3.4米，厚约5米。孔林内洙水东西流向，水上有洙水桥石坊，桥后有享殿5间。最后为东周墓地，绕以红墙，孔子墓位于中部，墓东为其子孔鲤墓，南为其孙孔伋墓，这种格局称之为"携子抱孙"。另有楷亭、驻跸亭、子贡庐墓处等建筑。

◎ 要四拜孔子

　　提到孔庙，自然就会想到孔子。很多人千里迢迢来到孔庙，就是为了祭拜孔子。华夏礼仪中的最高礼节为四拜，即对天地、君父、先师才有的大礼。对孔子采用四拜礼，以示对孔子的尊重。

　　历代帝王对孔子都给予了极高的评价，经常到曲阜孔庙祭拜孔子，以示尊重。

　　现在提倡回归传统文化，各地都很重视传统文化的继承和发扬。作为孔孟之乡的山东每年都会组织春祭孔子的活动。

孔庙主体大成殿

09

武当山古建筑群

坐　　标：湖北省丹江口市

批准时间：1994年12月

景　　观：太和宫、紫霄宫、南岩宫、琼台中观、
五龙宫、复真观、两仪殿、"治世玄
岳"牌坊

◎ "挂在悬崖峭壁上的故宫"

武当山古建筑群，位于湖北省丹江口市境内，建于唐贞观年间，包括33座建筑群，有9宫、8观、36庵堂、72岩庙、39桥、12亭等。其规模之大、结构之严谨、装饰之精美，在中国道教建筑中实为罕见。金殿、紫霄宫、"治世玄岳"牌坊、南岩宫、玉虚宫遗址等被列为国家重点文物保护单位。1994年，武当山古建筑群被联合国教科文组织列入《世界遗产名录》。

除了金殿、太和宫、太子坡、紫霄宫等，武当山建筑的精华还有南岩宫。南岩宫始建于元至元二十二年（1285年），不仅建筑物种类繁多、形制较高，还是建筑与风景、道教与神话结合最集中的地方，独特而精致。南岩宫建于悬崖绝壁之上，跟恒山悬空寺相似。因此，南岩宫享有"绝壁悬宫""挂在悬崖峭壁上的故宫"之美誉。

太和宫位于武当山主峰天柱峰的南侧，包括20余座古建筑，建筑面积1600多平方米。太和宫主要由紫禁城、古铜殿、金殿等建筑组成。紫禁城始建于明成祖永乐十七年（1419年），环绕于主峰天柱峰的峰顶。古铜殿始建于元大德十一年（1307

1. 雨后鸟瞰武当山古建筑群
2. 武当风光
3. 紫霄宫

年），位于主峰前的小莲峰上，殿体全部由铜铸构件拼装而成，是中国最早的铜铸结构建筑。

金殿始建于明永乐十四年（1416年），位于天柱峰顶端，是中国现存最大的铜铸镏金大殿。殿身为铜铸隔扇，隔扇上铸大、小额枋，上檐做重翘重昂九踩斗拱，承托檐椽。下檐施单翘重昂七踩镏金斗拱，檐际悬铜铸镏金竖匾，镌"金殿"二字。金殿全部构件均采用分体铸造，经过榫卯安装，然后通体镏金，结构严谨，连接紧密，无铸凿之痕。殿内供真武祖师像，左有金童捧册，右有玉女执印，水火二将擎旗拔剑。后壁悬康熙皇帝亲笔楷书"金光妙相"金匾。

紫霄宫是武当山古建筑群中规模最为宏大、保存最为完整的道教建筑，位于武当山东南的展旗峰下，始建于北宋宣和年间，明嘉靖三十一年（1552年）扩建。主体建筑紫霄殿是武当山最具代表性的木构建筑，殿内有金柱36根，供奉玉皇大帝塑

1
—
2

1. 祈福红绳
2. 石桥

像，其建筑式样和装饰具有明显的明代特色。

"治世玄岳"牌坊又名"玄岳门"，位于武当山镇东4000米处，是进入武当山的第一道门户。牌坊始建于明嘉靖三十一年，坊身全部构件以榫卯拼合，造型肃穆大方，装饰华丽，雕刻有多种人物、花卉图案，堪称明代石雕艺术佳作。

◎ 武当山"铁杵磨成针"的故事

铁杵磨成针的故事就发生在武当山太子坡景区的磨针井内。因这里是最先接纳到纯一阳气的地方，故又名纯阳宫。相传15岁入武当山修道的净乐国太子，修行了几十年后仍未成大道，不免有些心灰意冷，想要放弃。一日途经此处，遇见一老妇坐在井边磨铁杵，净乐国太子奇怪地问："为何要磨铁杵？"老妇人答："磨针。"净乐国太子更为吃惊地问："这岂不是很难？"老妇人淡然地说："铁杵磨成针，功到自然成。"净乐国太子瞬间醒悟，继续坚持修炼，最后成为真武大帝。

武当山磨针井建筑居高临下，为武当山古建筑群中典型的小品建筑，其主体建筑依据真武大帝在武当山修行的故事所建。壁画《玄武修真》至今还在磨针井大殿内的墙上，其中《铁杵磨针》的壁画意味深长。

铜铸老子骑牛雕像

10

庐山

坐　标：江西省九江市
批准时间：1996年12月
景　观：锦绣谷、三叠泉、含鄱口、美庐、五老峰、植物园、三宝树、花径、庐山会议旧址、芦林湖

◎ 中国第一个"世界文化景观"

位于江西省九江市的庐山，地理条件得天独厚。庐山南北长、东西窄，因"奇、秀、险、雄"闻名于世，并享有"匡庐奇秀甲天下"之誉。庐山1996年以"世界文化景观"被列入《世界遗产名录》，2004年入选为世界地质公园之一。

庐山总占地面积500平方千米，主要地质遗迹类型为地质地貌、地质剖面。地质公园内发育有地垒式断块山与第四纪冰川遗迹，以及第四纪冰川地层剖面和早元古代星子岩群地层剖面。迄今为止，在庐山共发现100余处重要冰川地质遗迹，完整地记录了冰雪堆积、冰川形成、冰川运动、侵蚀岩体、搬运岩石、沉积泥砾的完整过程，是中国东部古气候变化和地质特征的历史记录。未间断的历史承载和丰厚的文化底蕴使庐山被誉为"人文圣山"。

庐山自古命名的山峰有171座，并有冈岭26座、壑谷20条、岩洞16个、怪石22处、瀑布22处、溪涧18条、湖潭14处，其中最为著名的是三叠泉瀑布。李白曾赞美庐山："予行天下，所游山水甚富，俊伟诡特，鲜有能过之者，真天下之壮

庐山日出

观也。"

　　芦林湖位于海拔1040米的东谷芦林盆地，群山环抱，苍松翠柏，景致优美。此处原是芦草丛生、野兽出没的芦林谷地，介于玉屏、星洲两峰之间。

　　五老峰位于庐山东南，因山的绝顶被垭口所断，分成并列的5座山峰，仰望俨若席地而坐的5位老翁，故此，人们把这原出一山的5座山峰称为"五老峰"。它根连鄱阳湖，峰尖触天，海拔1358米。五老峰陡峭挺拔，其东南面绝壁千仞，陡不可攀，而西北坡地势较缓，游人可循小道爬坡登山。

　　庐山上保存较好的冰川"U"形谷主要有王家坡U谷、大校场U谷、东谷U谷、西谷U谷、七里冲U谷、石门涧U谷、长垅涧U谷等。王家坡U谷位于庐山南侧，长达4000多米，宽约700米，横断面呈"U"字形，纵断面略呈阶梯状，上段相对较窄，下段相对较宽。"U"形谷内发现有较为典型的冰川条痕石，冰川条痕石的漂砾直径大于5米，略呈五角形，由坚硬致密的石英砂岩构成，其上共发现5条冰川条痕。

　　庐山区域内已发现的主要岩溶洞穴共6处。彭泽的龙宫洞与庐山的猴洞为一类，系由5.6亿年前的寒武纪泥质条带石灰岩溶蚀而成。已开发的龙宫洞规模巨大，钟乳

石内涵丰富多彩，洞长2700米，是一条别具特色的地下艺术长廊。

◎《庐山恋》

　　《庐山恋》自1980年首映以来，创世界同一家电影院放映同一部故事影片，观众人次最多、放映场次最多、使用拷贝最多的数项纪录，并于2002年12月12日获得吉尼斯世界纪录的殊荣。

　　《庐山恋》是以庐山的自然风光和人文景观为背景拍摄的，观一部电影，便可饱览庐山一年四季的美景。有"不看《庐山恋》，枉来庐山游"之说，现如今，观看《庐山恋》已成为庐山旅游的重要项目。正所谓，庐山天下恋，天下恋庐山。

11

丽江古城

坐　　标：云南省丽江市古城区

批准时间：1997年12月

景　　观：四方街、木府、五凤楼、黑龙潭、文昌
宫、王丕震纪念馆、雪山书院、方国瑜
故居、白马龙潭寺、顾彼得旧居、净莲
寺、普贤寺

◎ "东方威尼斯"：一桥一故事的古城

　　北依象眠山、西枕狮子山的丽江古城没有城墙，这是丽江与其他古城的不同之
处。源自北方的玉龙雪山的玉河水，分3股流入古城，每股又分成多条分支过街入
巷，构成"主街傍河，小巷临水"的格局。山城水乡完美融合，故古城被誉为"东方
威尼斯""高原姑苏"。丽江为第二批被批准的中国历史文化名城之一，是中国以整
座古城申报世界文化遗产获得成功的两座古城之一（另一座古城是山西平遥古城）。

　　中河为古城最大的水系，城区被其一分为二。东河和西河为人工河，河上的桥
梁以木板桥、石板桥居多。丽江古城内的街道依山傍水修建，以红色角砾岩铺就，
有四方街、木府、五凤楼、黑龙潭、文昌宫、王丕震纪念馆、雪山书院、白马龙潭
寺、净莲寺等景点。

　　有河便有桥，河桥相依。在古城中，大小桥梁共有354座。大石桥又名映雪桥，
因从桥下的河水中能看到玉龙雪山的倒影而得名。桥面以五花石铺砌而成，因地处
古城中心，大石桥成了众桥之首。关于万子桥有个传说，居于河畔的杨姓人家因求

子心切，遂以修桥铺路给自己积功德。修桥工人特意选用砂石板作为建桥的材料，寓意子孙绵延。百岁桥又名激鲁瀑，相传是为了纪念清代附近村子中的两位寿星而建，这两位寿星是一对父子，父亲寿至108岁，儿子104岁而终。现在当地还流传着"百岁桥上坐一坐，活到九十不为过"的说法。

◎ 茶马古道的活化石

位于滇、藏、川交界的丽江，自古便是茶马古道的重镇。石板路面累累斑痕，是几百年来马帮人踩马踏造成的。丽江古城新华街是丽江古城最早的茶马古道，是当年马帮进藏的必经之路，是南方丝绸之路的延续。丽江古城是迄今为止茶马古道上保存完好的文化名城。丽江古城抛开茶马文化，就等同于抽离了古城文化的根基。

黑龙潭秋色

$\dfrac{1}{2}$ 　1. 丽江夜景

　2. 古镇流水

平遥古城

坐　　标：山西省晋中市平遥县

批准时间：1997年12月

景　　观：文庙、清虚观、平遥城墙、瓮城、点将
台、镇国寺、双林寺

◎ "保存最为完好的四大古城" 之一

　　平遥古城位于山西省中部，始建于西周宣王时期，距今已有2800多年的历史。如今的平遥古城还保留着明清时期县城的基本风貌，为中国北方地区现存最为完整的古城，被称为 "保存最为完好的四大古城" 之一，也是中国仅有的以整座古城申报世界文化遗产获得成功的两座古城之一。

　　平遥古城是由城墙、店铺、街道、寺庙、民居等共同组成的庞大的建筑群。整个城池对称布局，特色鲜明，以市楼为轴心，以南大街为轴线，形成左城隍右衙署、左文庙右武庙、东道观西寺庙的传统礼制格局。城内道路纵横，4大街、8小巷、72条蚰蜒巷构成八卦图案，南大街、东西大街、衙门街和城隍庙街形成 "干" 字形商业街。古城内主要街道两侧，完好地保存了220多家古店铺，拥有3797处具有保护价值的古民居，其中保存完整的有448处。

　　在2.25平方千米的平遥古城内有各级文物保护单位99处，有27处被列入世界文化遗产清单。古城及古城近郊保存了五代、宋、金、元、明、清各个历史时期的文物

12

古街上的观风楼

珍品。古城墙在国内保存最为完整，双林寺被誉为"东方彩塑艺术宝库"，日升昌票号为中国第一家票号。古城文物数量之多、品级之高，全国罕见。其建筑文化、寺庙文化、宗教文化、吏治文化、儒学文化和民俗文化等多种文化元素，构成古城独具魅力的文化特色。

◎ 平遥古城必去之地

来到平遥古城，有几个必须要去的经典之地，如日升昌票号、协同庆钱庄、平遥文庙、双林寺、平遥县衙等。

日升昌票号前身为"西裕成"颜料庄，财东李大全和掌柜雷履泰于清道光四年（1824年）出资30万两银改营。日升昌票号是中国第一家专营存款、放款、汇兑业务的私人金融机构，为全国银行业鼻祖，票号创建汇票制度，真正做到了汇通天下。

协同庆钱庄的创立与票号是不可分离的，钱庄其实就是票号的前身，钱庄主要是现金、银两汇兑业务，是山西晋商不可或缺的一部分。

平遥文庙是中国现存最早的文庙，有中国最大的孔子及儒学先贤塑像群。

双林寺，据古籍记载在唐代时就已经存在了。双林寺原名中都寺，以中轴线为

清代古城墙

基础修建，主殿都位于中轴线上，整体呈四方形，周围有城墙，可以爬上城墙俯瞰整个寺庙。因为这里的彩塑最为出名，讲述的佛本生故事非常有意思，所以这里也被称为"东方彩塑艺术宝库"。

平遥县衙是国内保存非常完整的明代县衙之一，规模庞大，最早的建筑已有600年之久。

◎ 细数"平遥古城十大怪"

平遥称呼为首怪；二怪是平遥牛肉闻天下，不见田野有牛迹；三怪是平遥小麦稀，面食多得数不清；四怪是平遥人多地亩少，物产贫乏盛产少，票号镖局却震天下；五怪是平遥三轮车两头踩，拉着美女跑得快；六怪是平遥美女额头盖公章，实为拔罐留痕迹；七怪是平遥房子半边盖，财水不能往外流；八怪是男女老少喊透他，不喊透他不说话；九怪是厕所比井大，想要方便先上桥；十怪是土炕大而宽，三代同炕还有余。

清代同兴公镖局

13

苏州古典园林

坐　　标：江苏省苏州市

批准时间：1997年12月

景　　观：沧浪亭、拙政园、留园、网师园、环秀
　　　　　山庄、狮子林、艺圃、耦园、退思园、
　　　　　曲园、怡园、听枫园等

◎ 中国古典园林之精华

　　苏州园林数量之多、艺术造诣之精，乃世界少见。苏州私家园林最早见于记载的是东晋的辟疆园，历代造园兴盛，名园甚多。由于苏州具有经济、文化、自然等优越条件，因而园林得以发展。明清时期，苏州成为中国最繁华的地区，私家园林遍布古城内外。在16—18世纪的全盛时期，苏州有园林200余处，至今保存完好的尚存数十处。

　　据《苏州府志》统计，苏州在周代有园林6处，汉代有4处，南北朝有14处，唐代有7处，宋代有118处，元代有48处，明代有271处，清代有130处。现存的苏州古典园林大部分是明清时期的建筑，代表了中国江南的园林风格。

　　苏州古典园林至今保存完好并对外开放的有：始建于宋代的沧浪亭、网师园，元代的狮子林，明代的拙政园、艺圃，清代的留园、耦园、怡园、曲园、听枫园等。其中，拙政园、留园、网师园因其精美卓绝的造园艺术和个性鲜明的艺术特点于1997年底被联合国教科文组织列入《世界遗产名录》。

退思园的闹红一舸

◎ 令人称赞的拙政园

　　苏州园林以私家园林为主，其中沧浪亭、狮子林、拙政园和留园分别代表着宋、元、明、清4个朝代的风格，被称为苏州四大名园。其中，拙政园不仅是苏州四大名园之一，更是中国四大名园之一。

　　拙政园初为唐代诗人陆龟蒙的住宅，元朝时为大弘（宏）寺。明正德四年（1509年），被归隐苏州的御史王献臣买下，历时16年建成，取名拙政园。在此后的400多年里，拙政园屡换园主，曾一分为三，园名各异，或为私园，或为官府，或散为民居，直至20世纪50年代，几处合一，恢复了拙政园的园名。如今，园南建有苏州园林博物馆，是国内唯一的园林专题博物馆。

◎ 不可小觑的狮子林

　　狮子林始建于元至正二年（1342年），因园内"林有竹万固，竹下多怪石，状如狻猊（狮子）者"，取佛经"狮子吼"之意，名为狮子林。狮子林名声大噪要归功于途经此地的书画家倪瓒，其绘制的《狮子林图》，使狮子林成为佛家讲经说法和文人赋诗作画之胜地。清乾隆元年（1736年），狮子林变为私产，名涉园，又称五松园。1917年被贝氏购得，复名狮子林。狮子林历经兴衰更迭，寺、园、宅分而又合，传统造园手法与佛教思想相互融合，以及作为私家花园后，西洋造园手法和

家祠被引入园中，使狮子林融禅宗之理、园林之乐于一体。

◎ 拥有"小桃源"之景的留园

　　留园与北京颐和园、承德避暑山庄、苏州拙政园并称中国四大名园，坐落在苏州市阊门外，始建于明代。原为明代徐时泰的私家园林，人称东园，清代归刘恕所有，改称寒碧山庄，俗称"刘园"。清光绪二年（1876年）又为盛康购得，始称留园。

　　全园分为4个部分，在一个园林中能领略到山水、田园、山林、庭园4种不同的景色。中部以水景见长，是全园的精华所在。东部以曲院回廊的建筑取胜，园的东部有著名的佳晴喜雨快雪之亭、林泉耆硕之馆、还我读书处、冠云台、冠云楼等数十处斋、轩，园内池后立有3座石峰，居中者为名石冠云峰，两旁为瑞云、岫云两峰。北部具农村风光，并有新辟盆景园。西部则是全园最高处，有野趣，以假山为奇，土石相间，堆砌自然。池南涵碧山房与明瑟楼为留园的主要观景建筑。

　　留园以水池为中心，池北为假山小亭，林木交映。池西假山上的闻木樨香轩，则为俯视全园景色最佳处，并有长廊与各处相通。留园内的建筑景观还有表现淡泊处世之坦然的"小桃源"以及远翠阁、曲溪楼、清风池馆等。

$\dfrac{1}{2}$ 1. 留园里的盆景

2. 拙政园初夏晨景

14

天坛

坐　　标：北京市东城区

批准时间：1998年11月

景　　观：圜丘坛、皇穹宇、祈谷坛、皇乾殿、
七十二连房、祈年殿、丹陛桥、斋宫、
南神厨院、神乐署

◎ 走近天坛

　　天坛位于北京市东城区永定门内大街东侧，占地约273万平方米，1998年被联合国教科文组织列入《世界遗产名录》。2007年5月8日，天坛公园经国家旅游局正式批准为国家5A级旅游景区。

　　明永乐十八年（1420年），仿南京大祀坛形制而建天地坛，合祭皇天后土，当时是在大祀殿行祭典。嘉靖九年（1530年）嘉靖皇帝听大臣言："古者祀天于圜丘，祀地于方丘。圜丘者，南郊地上之丘，丘圜而高，以象天也。方丘者，北郊泽中之丘，丘方而下，以象地也。"于是便决定天地分祭，在大祀殿南建圜丘祭天，在北城安定门外另建方泽坛祭地。嘉靖十三年（1534年）圜丘改名天坛，方泽改名地坛。大祀殿废弃后，改为祈谷坛。嘉靖十七年（1538年）祈谷坛被废，嘉靖十九年（1540年）在坛上另建大享殿，嘉靖二十四年（1545年）建成。清乾隆十六年（1751年）改名祈年殿。此后多次修缮、扩建。

　　天坛是圜丘、祈谷两坛的总称，有坛墙两重，形成内外坛，坛墙南方北圆，象

征天圆地方，主要建筑在内坛，圜丘坛在南，祈谷坛在北，二坛在同一条南北轴线上，中间有墙相隔。圜丘坛内主要建筑有圜丘坛、皇穹宇等，祈谷坛内主要建筑有祈年殿、皇乾殿、祈年门等。

◎ 为娘娘求雨搭台子

关于天坛的由来还有一个传说。传说明永乐皇帝进京后，连年大旱，庄稼颗粒

1 2 3
4

1. 屋顶装饰细节
2. 祈年殿藻井
3. 回音壁
4. 晚霞中的祈年殿

无收，老百姓一点儿办法都没有。永乐皇帝非常着急，许是日有所思夜有所梦，有一日永乐皇帝做了一个梦，梦见自己一直跑啊跑，只见大地白茫茫的一片，细看后才发现大地干得泛了白毛。他顿时觉得自己口干舌燥，绝望之下，对着苍天举起双手求雨，突然天上出现一个浑身通红的大汉，他告诉永乐皇帝："娘娘求雨，方可降雨。"

永乐皇帝醒后，下令"娘娘求雨3天"，可在哪儿求却难住了大家。一位老臣依据《左传》记载，建议在国门外的南面搭台子，南为阳，左为上，正阳门外右道的左边正合适。永乐皇帝采纳了老臣的建议，选好址后，请娘娘出宫求雨。娘娘连续求了3天，终于把雨求来了。为祈求上天保佑五谷丰登，永乐皇帝下旨在娘娘求雨处建祭坛，皇室每年来此祭天、祈谷。

◎ 回音壁

回音壁是北京天坛皇穹宇的围墙，高3.72米，厚0.9米，直径61.5米，周长193.2米。墙壁是用磨砖对缝砌成的，墙头覆蓝色琉璃瓦。围墙的弧度十分规则，墙面极其光滑整齐，对声波的反射也是十分规则的。只要两个人分别站在东、西配殿后，贴墙而立，一个人靠墙向北说话，声波就会沿着墙壁连续反射前进，传到另一端，无论说话声音多小，也可以使对方听得清清楚楚，而且声音悠长，令人称奇。所以称之为"回音壁"。

15

颐和园

坐　　标：北京市海淀区

批准时间：1998年11月

景　　观：苏州街、万寿山、四大部洲、智慧海、佛香阁、宝云阁、排云殿、昆明湖、画中游、听鹂馆、谐趣园、乐寿堂、宜芸馆、大戏楼、玉澜堂、仁寿殿、文昌院、文昌阁、铜牛、十七孔桥

◎ 白银帝国后花园

　　颐和园是皇家园林，位于北京西郊，旧称清漪园。它是以昆明湖、万寿山为基址，以杭州西湖为蓝本，汲取江南园林的设计手法而建成的大型山水园林，也是保存最完整的一座皇家行宫御苑，被誉为"皇家园林博物馆"。颐和园始建于清乾隆十五年（1750年），咸丰十年（1860年）遭英法联军焚毁。光绪十四年（1888年）重建，改名颐和园，成为离宫。1961年3月4日，颐和园被国务院列为第一批全国重点文物保护单位，与同时被列入第一批全国重点文物保护单位的承德避暑山庄、苏州拙政园、苏州留园并称为中国四大名园。1998年11月颐和园被列入《世界遗产名录》。2009年，颐和园入选中国世界纪录协会中国现存最大的皇家园林。

　　颐和园规模宏大，占地面积达293公顷，主要由万寿山和昆明湖两部分组成。园内建筑以佛香阁为中心，有景点建筑物百余座、大小院落20余处、古建筑3555座，面积7万多平方米，共有亭、台、楼、阁、廊、榭等不同形式的建筑3000多座，古树名木1600余株。其中佛香阁、长廊、石舫、苏州街、十七孔桥、谐趣园、大戏楼为代表性建筑。

苏州街雪景

1. 荷花池

2. 石舫

3. 佛香阁

4. 彩绘雕廊

园内大致可分为行政、生活、游览3个部分。以仁寿殿为中心的行政区，是当年慈禧太后和光绪皇帝坐朝听政、会见外宾的地方。仁寿殿后是乐寿堂、玉澜堂和宜芸馆3座大型四合院，分别为慈禧太后、光绪皇帝和后妃居住的地方。宜芸馆东侧的德和园大戏楼是清代三大戏楼之一。万寿山下是一条长700多米的长廊，长廊枋梁上有彩画8000多幅，号称"世界第一廊"。长廊的南面是昆明湖。

万寿山后山、后湖古木成林，有藏式寺庙、苏州街。后湖东端有仿无锡寄畅园而建的谐趣园，小巧玲珑，被称为"园中之园"。

◎ 断了尾巴的铜牛

关于颐和园昆明湖边上的铜牛的来历，说法不一。

一说乾隆皇帝命工匠铸造一只铜牛，为彰显清王朝的繁荣强大，铜牛全身镀金，牛背上还刻着《金牛铭》。铜牛被放置在颐和园昆明湖边上，以达到观察昆明湖水水位的作用。据考证，昆明湖的东堤比故宫的地基高约10米。以前，昆明湖一带常有水

十七孔桥

患,为了防止昆明湖东堤决口,殃及故宫,在此设置铜牛,随时知道水位比皇宫的城墙高多少,以便加强防护,免使皇宫遭受洪水之灾。

二说铜牛乃天上牛郎复活。游颐和园时不难发现,铜牛的尾巴根处有明显的接痕,可以断定铜牛曾被断尾。对此,有传说佐证。相传在修建颐和园时,慈禧太后把颐和园想象成为天宫的模样,在昆明湖放置铜牛,象征牛郎,还在石舫旁修建了织女亭。以昆明湖为界,营造左有牛郎右有织女之势。有一年的七月初七,昆明湖中的铜牛突然活了,直奔织女亭。怎料昆明湖太大,铜牛游着游着就沉入了湖底。慈禧太后得知后,命人又铸造了一只铜牛,怕它故技重施,便将铜牛用铁链子锁了起来。第二年的七月初七,铜牛又活了,眼看着铁链子要断,慈禧太后命壮汉上前拉住铜牛的尾巴,因为用力过猛,铜牛的尾巴就断了。

◎ 颐和园必游景点

颐和园的必游景点有万寿山、苏州街、四大部洲、佛香阁、智慧海等。

万寿山属燕山余脉万寿山前山,以八面三层四重檐的佛香阁为中心,组成主体建筑群。从山脚的“云辉玉宇”牌楼,经排云门、二宫门、排云殿、德晖殿、佛香阁,直至山顶的智慧海,形成了一条层层上升的中轴线。东侧有转轮藏和“万寿山昆明湖”石碑。西侧有五方阁和铜铸的宝云阁。后山有西藏佛教建筑和五彩琉璃多宝塔。山上有景福阁、重翠亭、写秋轩、画中游等亭台楼阁。在居中部位是一组体量大而形象丰富的建筑群。这组建筑群包括园内主体建筑——帝后举行庆典朝会的排云殿和佛寺佛香阁。与中央建筑群的纵向轴线相呼应的是横贯山麓、沿湖北岸东西逶迤的长廊。

四大部洲在万寿山后山中部,是汉藏式的建筑群,占地2万平方米,主体建筑为香岩宗印之阁,因山顺势,就地起阁。前有须弥灵境(现为平台),两侧有3米高的经幢,后有寺庙群,四周是象征佛教世界的四大部洲——东胜身洲、西牛货洲、南赡部洲、北俱卢洲和用不同形式的塔台修建成的八小部洲。东南、西南、东北、西北还有代表佛经“四智”的红、白、黑、绿4座喇嘛塔。四大部洲和八小部洲中间有2个凹凸不平的台殿,一个代表月台,一个代表日台,象征着日月环绕佛身。

昆明湖是清代皇家诸园中最大的湖泊,湖中一道长堤——西堤,自西北逶迤向南。西堤及其支堤把湖面划分为3个大小不等的水域,每个水域各有一个湖心岛。这3个岛在湖面上成鼎足而峙的布列,象征着中国古老传说中的东海三神山——蓬莱、方丈、瀛洲。西堤以及堤上的6座桥是有意识地模仿杭州西湖的苏堤和“苏堤六桥”。

昆明湖龙舟

西堤一带碧波垂柳，自然景色开阔，园外数里的玉泉山秀丽山形和山顶的玉峰塔影排闼而来，被收摄作为园景的组成部分。

　　文昌院位于颐和园内文昌阁之东，是中国古典园林中规模最大、品级最高的文物陈列馆。馆内设有6个专题展厅，陈展了上自商周、下迄晚清数以千计的颐和园精品文物，品类涉及铜器、玉器、瓷器、金银器、竹木牙角器、漆器、家具、书画、古籍、珐琅、钟表、杂项等，涵盖了中国传世文物的诸多门类。由于颐和园特定的皇家背景，这些艺术品代表了当时最高的工艺水平，许多珍品在当时即为国之重器。馆中还陈展了部分清代宫廷生活用品，它们与帝后生活密切相关，具有重要的历史价值，是中国皇家文化最具真实性的物证。

16

大足石刻

坐　　标：重庆市

批准时间：1999年12月

景　　观：宝顶石刻、北山石刻、南山石刻、圣
寿寺

◎ 令人称绝的石刻艺术

石窟艺术源于古印度，传入中国后曾经在中国北方形成了两次造像高峰，直至8
世纪中叶（唐天宝之后）走向衰落。而在此时，位于长江流域的大足县（今重庆市
大足区）境内摩崖造像异军突起，从9世纪末至13世纪中叶建成以"五山"摩崖造像
为代表的大足石刻，把中国石窟艺术史延续了400余年，大足石刻成为中国石窟艺
术建设史上最后的一座丰碑。大足石刻以规模宏大、雕刻精美、题材多样、内涵丰
富、保存完好而著称于世。1999年12月，以宝顶山、北山、南山、石门山、石篆山5
处摩崖造像为代表的大足石刻，被联合国教科文组织列入《世界遗产名录》。

大足石刻开凿于唐永徽元年（650年），盛于宋代。现存摩崖石刻造像5万余尊，
铭文10万余字，遍布70多处。其中比较重要的有北山（包括北塔）、宝顶山、南山、
石门山、石篆山石刻，是大足石刻中规模最大、艺术价值最高的石刻造像代表。

大足石刻"三教"造像俱全，以佛教造像为主，兼有儒、道造像，具有石窟造
像的特征，属于石窟艺术的范畴。早期的"庙宇殿堂"式结构，完全是摩崖造像，

1 | 2 | 3

1. "天下大足"牌坊
2. 卧佛
3. 道教故事浮雕

如大佛湾造像全都裸露在外，与山崖连成一体，给人一种非常直观的感受，突破了传统的约束，使造像更加人性化。雕刻形式分为圆雕、高浮雕、浅浮雕、凸浮雕、阴雕5种，但主要以高浮雕为主，其他形式为辅。不仅有不计其数的各阶层人物形象、社会生活场面，还配有大量的文字记载，是一幅生动的历史画卷。

◎ 堪称"媚态观音"的千手观音石像

大足石刻的千手观音是国内唯一真正的千手观音。造像既追求形式美，又注重内容的准确表达。坊间称千手观音为"媚态观音"，其体态轻盈、眼角嘴角含羞带笑。

关于千手观音还有一个美丽的传说。相传在宋代，一位老石匠想在北山雕刻观音像，他设计了许多样式，却没有一个令他满意的。一天晚上，他坐在河边洗脚。突然，他身后传来一阵女孩的笑声："看，你的裤子湿了。"他回头一看，原来是一个十三四岁的牧羊女。牧羊女看老石匠看着自己，不觉羞红了脸，笑了。她善良的心和迷人的外表一下子激发了老石匠的灵感，老石匠瞬间忘记了疲倦，立刻回到山上，一气呵成完成了观音像，其神态与那位含羞带笑的牧羊女极其相像。

$\dfrac{1}{2}$ 　1. 西方净土传道
　　　2. 华严三圣

17

龙门石窟

坐　　标：河南省洛阳市

批准时间：2000年11月

景　　观：奉先寺、潜溪寺、宾阳洞、万佛洞、二莲花洞、古阳洞、药方洞、老龙洞、惠简洞、看经寺、香山寺、白园、碑刻题记、蒋宋别墅、擂鼓台三洞、摩崖三佛龛

◎ 令人叹为观止的石窟艺术

　　龙门石窟位于河南省洛阳市洛龙区伊河两岸的龙门山和香山上，与莫高窟、云冈石窟、麦积山石窟并称中国四大石窟。龙门石窟开凿延续时间长、跨越朝代多，以大量的实物形象和文字资料从不同角度反映了中国古代政治、经济、宗教、文化等多领域的发展变化，为中国石窟艺术的创新与发展做出了重大贡献，2000年被联合国教科文组织列入《世界遗产名录》。

　　龙门石窟开凿于北魏孝文帝年间，之后历经东魏、西魏、北齐、隋、唐、五代、宋等朝代连续大规模营造达400余年之久，南北长1000多米，共有10万余尊佛像，最大的佛像高达17.14米，最小的佛像仅有2厘米高。其中"龙门二十品"是书法魏碑精华，褚遂良所书的《伊阙佛龛之碑》则是初唐楷书的典范。

　　西山崖壁上有北朝和隋唐时期的大中型洞窟50多个，如古阳洞、宾阳中洞、莲花洞、皇甫公窟、魏字洞、普泰洞、火烧洞、慈香窑、路洞等，为北魏时期的代表洞窟；潜溪寺、宾阳南洞、宾阳北洞、敬善寺、摩崖三佛龛、万佛洞、惠简洞、奉

先寺、净土堂、龙华寺、极南洞等为唐代代表洞窟。东山均为唐代的窟龛，其中大中型洞窟有20个，如二莲花洞、看经寺、大万伍佛洞、高平郡王洞等。

　　奉先寺是龙门石窟中规模最大、艺术最为精湛的一组摩崖型群雕，开凿于唐高宗初年，因隶属于当时的皇家寺院奉先寺而俗称"奉先寺"。洞中佛像明显表现了唐代佛像的艺术特点，面形丰肥，两耳下垂，形态圆

1. 奉先寺内的彩塑大佛

2. 精致佛雕

3. 二莲花洞

满，安详、温存、亲切，极为动人。

宾阳三洞开凿于北魏时期，是北魏的宣武帝为父亲孝文帝做功德而建，开工于景明元年（500年），历时24年，因为种种原因，计划中的三个洞窟仅完成了宾阳中洞，南洞和北洞都是到初唐才完成了主要造像。宾阳中洞是北魏时期代表性的洞窟。

◎ 香山赋诗夺锦袍

1300多年前，武则天在洛阳登上皇位。她对伊阙山水特别钟情，更是喜欢香山寺，因这里清幽雅致，所以赋闲时常来香山寺。当时，正是唐诗盛行之际，武则天在香山寺主持了一次"龙门诗会"，对胜出者"赐以锦袍"。世上有名的"香山赋诗夺锦袍"便由此而来。

再说龙门诗会，首先出诗的是名叫东方虬的左史："春雪满空来，触处如花开，不知园里树，若个是真梅。"诗句一出，武则天赞赏有加，当即兑现诺言，把锦袍赐给了他。而后，多数大臣也相继成诗，其中宋之问的《龙门应制》得到大家

的一致好评，认为应更在东方虬之上，武则天遂改了决定，把锦袍改赐给宋之问。于是，"香山赋诗夺锦袍"成了诗坛上的一段佳话。

◎ 龙门石窟的石像大多没有头

据清末民初史料记载，1907—1918年，龙门石窟被大规模破坏、盗凿；1918—1935年，对于龙门石窟来说是一场严重的浩劫，大量雕像遭到破坏，一批珍贵文物流失海外。

1965年文化部文博研究所同龙门文物保管所联合调查统计，被盗痕迹多达78处。石窟专家王振国在其撰写的《龙门石窟破坏残迹调查》中进一步核查出破坏最严重的96个窟龛，盗走佛、菩萨等主像262尊，毁坏造像1063尊，龛楣8处，佛雕说法图10幅，礼佛供养人16幅，碑刻题记15品，另有香炉、佛塔、兽头、金翅鸟18件。自1991年起，龙门石窟研究院着手对流失海外佛雕展开调查，目前已查明70件流失佛雕的下落，分藏在世界各地的博物馆、美术馆及私人收藏家手中。近几年，国外收藏家与中国学者共同努力，使中国政府以远低于市场价的价位，让一批佛头归国。

18

明清皇家陵寝

坐　　标：	北京、江苏、湖北、安徽、辽宁、河北
批准时间：	明显陵、清东陵、清西陵，2000年；明孝陵、明十三陵，2003年；盛京三陵，2004年
景　　观：	明孝陵、明十三陵、明显陵、盛京三陵、清东陵、清西陵

◎ 探秘皇陵

　　明清皇家陵寝是明清两朝皇帝精心规划营建的文物建筑。陵寝分布于北京、河北、辽宁、安徽、江苏、湖北等地，主要建筑保存完整，反映了明清皇家陵寝的原貌。明清皇家陵寝2000年被列入《世界遗产名录》。已被列入《世界遗产名录》的明陵寝有明孝陵、明十三陵、明显陵，清陵寝有盛京三陵、清东陵、清西陵。

　　清东陵和清西陵，分别葬着清代帝王和后妃。清东陵包括孝陵、景陵、裕陵、定陵、惠陵、昭西陵、孝东陵、定东陵、景陵妃园寝、裕陵妃园寝、定陵妃园寝、惠陵妃园寝、公主园寝；清西陵包括泰陵、昌陵、慕陵、崇陵、泰东陵、昌西陵、慕东陵等。

◎ 细说明十三陵

　　明十三陵位于北京市昌平区境内，陵区面积120余平方千米，共埋葬了明成祖朱棣、明仁宗朱高炽、明宣宗朱瞻基、明英宗朱祁镇、明宪宗朱见深等13位皇帝，故名"明十三陵"。2003年7月，明十三陵和明孝陵作为明清皇家陵寝的一部分被列入《世界遗产名录》。2004年7月，盛京三陵作为明清皇家陵寝的扩展项目被列入《世界遗产名录》。

明十三陵按辈分或营建时间的先后排序，依次是长、献、景、裕、茂、泰、康、永、昭、定、庆、德、思。按地理位置，从东往西再往南，依次是德、永、景、长、献、庆、裕、茂、泰、康、定、昭、思；从西往北再往东，依次是思、昭、定、康、泰、茂、裕、庆、献、长、景、永、德。

明十三陵对外开放的有4处景区，即长陵、定陵、昭陵和神路。长陵是朱棣的陵寝，始建于明永乐七年（1409年），是明代帝陵中建筑保存最完好的一座。尤其是

1	2
3	

1. 明十三陵碑亭
2. 定陵棱恩门
3. 明十三陵夏日风光

乾隆地宫博物馆

举行祭祀仪式的祾恩殿，木构件全系名贵的金丝楠木加工而成，堪称古建瑰宝。定陵是朱翊钧和两皇后的合葬墓，是国家批准按计划进行考古发掘的唯一一座帝陵，共出土帝后衣冠和金银器皿等珍贵文物3000件左右。昭陵是近年按照明代旧址全面复原的陵园。

明成祖朱棣笃信风水，在陵墓选择上格外讲究，历时两年，在多种选择并存的情况下，最终选择了天寿山。

起初，一个风水大师提议将陵墓修建于一块叫作"屠家营"的地方，朱棣考虑到自己的姓氏，"朱"与"猪"同音，否定了这个提议。后又有人提议选在京西潭柘寺，因这里是千年古寺，定是风水宝地，也被否定。而后，又有人建议选择在怀柔的羊山脚下，因"羊"和"朱"不谐音，不存在相克的情况，可偏偏在这羊山附近有一处叫"狼儿峪"的村子，寓意也不好，自然也就没有选在那里。

最后，朱棣觉得昌平黄土山这个地方不错，决定将陵墓修建于此，这一年恰好是朱棣五十大寿，所以又将黄土山改名为天寿山。

明十三陵石像雕塑

◎ 明显陵

　　明显陵位于湖北省钟祥市纯德山上，是明世宗嘉靖皇帝的父亲恭睿皇帝和母亲章圣皇太后的合葬墓，是中国数千年历史长河中最具特色的一座帝王陵寝。明显陵始建于明正德十四年（1519年），陵墓面积1.83平方千米，是我国中南地区唯一的一座明代帝王陵墓，也是中国明代帝陵中最大的单体陵墓。其"一陵两冢"的陵寝结构，为历代帝王陵墓中绝无仅有。明显陵整体看上去像一个宝瓶，分内外围城，外围城高6米，宽1.8米，长3500余米，红墙黄瓦，随山势起伏。外围城南端为两重陵门，称新、旧红门。红门内似游龙的神道连着陵寝，神道两侧建有龙凤门，石雕文臣、武将、立马、臣马、麒麟、象、骆驼、狮子、獬豸、华表、御碑亭及龙行神道，九曲河蜿蜒其间，其上架有5座汉白玉石拱桥。内围城建有祾恩门、祾恩大殿、明楼、茔城、瑶台等，建筑宏大，雄伟壮观。明显陵2000年被列入《世界遗产名录》。

◎ 清代皇陵为何要各据一方

　　从清代陵墓的分布看，不难发现自雍正帝起，后面的帝王嫔妃都葬于西陵，可出现东西相隔的原因是什么？据说是因为西陵风水更佳。据记载，雍正帝即位后本也选择在东陵的九凤朝阳山上建陵墓。但他看了陵区草图后，认为"规模虽大而形局未全，穴中之土，又带泥沙，实不可用"。选陵大臣最后选在永宁山。雍正帝看后大喜，认为这里是"乾坤聚秀之区，为阴阳和会之所，龙穴沙石，无美不收，形势理气，诸古咸备"。

明十三陵水库秋色

19

都江堰—青城山

坐　　标：四川省成都市都江堰市

批准时间：2000年11月

景　　观：天然图画、建福宫、祖师殿、朝阳洞、
老君阁、青城山山门、圆明宫、上清
宫、天师洞、五龙沟、又一村、白云
洞、飞泉沟、百丈桥、白云古寨、圣母
洞、赵公山

◎ 青城天下幽

青城山位于四川省成都平原西北部，距都江堰仅10多千米，主峰老霄顶海拔
1260米。青城山因其四季常青、状若城郭而得名，有"青城天下幽"的美誉，与剑
门之险、峨眉之秀、夔门之雄齐名。青城山分青城前山和青城后山，青城后山与卧
龙自然保护区相邻，是世界自然遗产四川大熊猫栖息地的重要组成部分。青城山和
都江堰于2000年被联合国教科文组织列入《世界遗产名录》。

◎ 张陵传道青城山

青城山是中国道教的发源地、天师道的祖山祖庭，凝聚了中国道教文化的精
髓，被道教列为"第五洞天"，至今仍完好地保存有数十座宫观，主要景点有建
福宫、天然图画、天师洞、千年银杏、掷笔槽、访宁桥、朝阳洞、祖师殿、上清宫
等。东汉汉安二年（143年），张陵带领弟子到青城山结茅传道。张陵在青城山一带

1. 江上游船

2. 二王庙

3. 南桥古建筑

传道13年，于东汉永寿二年（156年）在青城山羽化，埋葬在第三混元顶。

青城山成为天师道的发祥地。常道观（俗称天师洞）被称为"仙都众奥之妙，福地会昌之域，张天师羽化处焉"。历代江西龙虎山的天师都会来青城山朝拜张陵，并为其扫墓。天师洞边上有一棵古老的银杏树，需要七八个人才能合抱，这在

四川省乃至全国都极为罕见。据说这棵古银杏树是张陵亲手种的。

◎ "路"过都江堰的外国人

都江堰建于战国时期，是全世界至今为止，年代最悠久、唯一留存、以无坝引水为特征的宏伟水利工程，使川西平原成为"水旱从人""不知饥馑"的"天府之国"，被誉为"世界活的水利博物馆"。"路"过都江堰的外国人有马可·波罗、李希霍芬等名人。

元至元元年至至元三十一年（1264—1294年），意大利旅行家马可·波罗从陕西汉中骑马，历时20多天抵达成都，参观了都江堰，后记载在《马可·波罗游记》中："都江水系，川流甚急，川中多鱼，船舶往来甚众，运载商货，往来上下游。"

清同治元年至同治十三年（1862—1874年），德国地理学家李希霍芬赴都江堰考察，对都江堰水系及功能做了完整记录和科学分析，盛赞"都江堰灌溉方法之完善，世界各地无与伦比"，并于清同治十一年（1872年）在《李希霍芬男爵书简》中设专章介绍都江堰。李希霍芬是把都江堰详细介绍给世界的第一人。

木桥流水

20

皖南古村落：
西递、宏村

坐　　标：安徽省黟县东

批准时间：1999年12月

景　　观：南湖、月沼、德义堂、承志堂、树人堂、南湖书院、红白古树

◎ 诗画中的烟雨江南

　　西递、宏村古民居村落位于安徽省黟县境内的黄山风景区。西递村至今完好地保存着典型的明清古村落风格，有"活的古民居博物馆"之称；宏村是一座有着大量明清时期历史建筑的古村落，村中还构建了完善的水系和颇具特色的"牛"形布局，是徽州民居的典型代表。西递村始建于北宋皇祐年间，因村边有水往西流，原称"西川"。又因古有递送邮件的驿站，因此得名西递，素有"桃花源里人家"之称。宏村始建于南宋绍熙年间，原为汪姓聚居之地，背倚黄山余脉羊栈岭、雷岗山等，因地势较高，经常云蒸霞蔚，有时如浓墨重彩，有时似泼墨写意，好似一幅山水长卷，被誉为"中国画里的乡村"。2000年联合国教科文组织将皖南古村落西递、宏村列入《世界遗产名录》。

宏村

◎ 西递村履福堂

履福堂始建于清康熙二十三年（1684年），距今已有300多年的历史，是明经胡氏二十六世祖胡积堂的故居，也是西递村保存最为完好的书香民宅之一。

履福堂为三间两进三层式砖木结构，有前后两厅。前厅堂前正中上方挂有"履福堂"匾额，中堂画轴为《松鹤延年图》。画轴两侧及柱子上有多副楹联，如"世事让三分天宽地阔；心田存一点子种孙耕""几百年人家无非积善；第一等好事只是读书""慈孝后先人伦乐地；诗书朝夕学问性天"等。

精美的石雕牌楼

21

云冈石窟

坐　　标：山西省大同市
批准时间：2001年12月
景　　观：昙曜五窟

◎ 云冈石窟概况

　　云冈石窟原名武州（周）山石窟寺，明代改称云冈石窟。石窟位于山西省大同市城西武州山南麓、武州川的北岸，依山开凿，有主要洞窟45个，大小窟龛252个，石雕造像5.1万余躯，为中国规模最大的古代石窟群之一，与敦煌莫高窟、洛阳龙门石窟和天水麦积山石窟并称中国四大石窟。云冈石窟始建于北魏，当时中国佛教盛行。据《水经注》记载，当时"凿石开山，因岩结构，真容巨壮，世法所希。山堂水殿，烟寺相望，林渊锦镜，缀日新眺"。云冈石窟1961年被国务院公布为全国首批重点文物保护单位，2001年12月被联合国教科文组织列入《世界遗产名录》，2007年5月被国家旅游局评为首批国家5A级旅游景区。

◎ 石窟写成的千年史卷

　　云冈石窟依山而凿，绵延1000多米。自东而西依自然山势分为东、中、西3个部

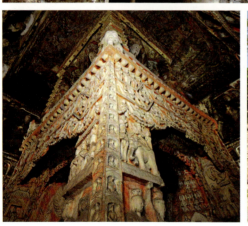

1
———
2│3

1. 依山而建的楼阁
2. 精美的通天塔柱
3. 双窟大佛

分，石窟内佛龛众多。浮雕形态各异，不仅有各种人物形象，还有多种装饰纹样、佛传浮雕、乐器雕刻。最大的佛像是第5窟高17米的三世佛的中央坐像，佛像形态端庄，面部表情安详自然，宽额、高鼻、大眼、薄唇，巧妙地融合了中原文化传统的表现手法与域外佛教文化。最小的佛像仅2厘米高。这些浮雕布局严谨，设计精良，代表了中国杰出的佛教石窟艺术，堪称中国佛教艺术巅峰期杰作。

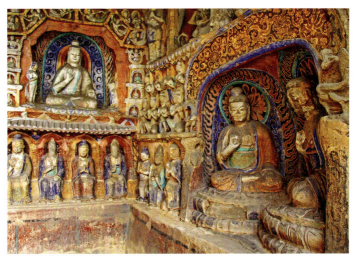

彩雕佛像

东部石窟被当地人称为塔洞，主要指1—4号石窟。其中，第3窟是最大的石窟，窟分前、后室，前室凿出一个弥勒窟室，后室雕刻有3尊造像。窟前重建了三进院落的灵岩寺。相传，灵岩寺为昙曜创建，他曾在此翻译佛经。据记载，北魏和平三年(462年)，昙曜针对太武帝灭佛，佛经被焚所剩无几的状况，组织中外高僧共同翻译佛教经典，参加译经的有天竺沙门常那邪舍等10多人及刘孝标等人。译出新经14部，有《付法藏经》《因缘论》《杂宝藏经》《称扬诸佛功德经》《方便心论》《净土经》等，今存9部。

中部石窟主要指5—15窟，开凿于北魏孝文帝时期，分前、后两室，主佛居中，洞壁及洞顶布满浮雕。崖壁横亘，洞窟相连，内容丰富，为云冈石窟之精华。历经千余年的风雨洗礼，虽颜色剥落，偶有残缺，仍依稀可见当年雕饰的精美细致和用心。5窟的释迦牟尼坐像，高17米，为云冈最大的佛像；7窟的交脚弥勒菩萨像，坐于狮子座上；还有13窟南壁上层的7佛立像和东壁下层的供养天人；等等。

西部石窟以中小窟和补刻的小龛居多，修建的时代略晚，大多是北魏迁都洛阳后的作品，主要分布在20窟以西。这个时期的洞窟大多以单窟形式出现，不再成组。雕像的体积减小，无不体现出游牧格调、草原特色。佛龛的装饰彰显着鲜卑人洒脱、豪放的民族性格；佛像和菩萨像面形消瘦、长颈，肩窄且下削，传承了印度石窟的艺术特色，后来发展为"秀骨清像"，成为中国北方石窟艺术的榜样和"秀骨清像"的缘起。

22

高句丽王城、王陵及贵族墓葬

坐　　标：吉林省、辽宁省

批准时间：2004年7月

景　　观：王城（五女山山城、国内城、丸都山城）、王陵（麻线0626 号墓、千秋墓、西大墓、七星山 0211 号墓、将军坟等）、贵族墓（角抵墓、舞踊墓、马槽墓、王字墓、环纹墓、冉牟墓、散莲花墓等）

◎ 古老又神秘的王朝

位于吉林省集安市的高句丽王城文化遗址，是奴隶制国家高句丽王朝的遗迹，包括国内城、丸都山城、王陵及贵族墓葬。高句丽王城、王陵及贵族墓葬于2004年7月被列入《世界遗产名录》。

◎ 高句丽第一座都城——五女山山城

桓仁与集安是高句丽政权早中期的政治、文化、经济中心，是高句丽文化遗产分布最集中的地区，主要的历史遗迹大量地存续于吉林省和辽宁省，成为该段历史无可替代的实物见证，具有重要的历史文化价值。

在王城中，五女山山城是高句丽创建的第一座都城。作为鸭绿江两岸现存100余座高句丽山城中建造最早的一座，规模更为宏大，体系更为完备，保存也更为完整。五女山山城在选址布局、城墙筑法、石料加工等方面，具有很大的突破和创新，从而形成了特别的山城形式。国内城、丸都山城是高句丽早中期的都城，也是其政权使用时间最长的都城，是高句丽都城建筑的杰作。其都城特点是平原城与山城相互依附，国内城的城墙很坚固，丸都山城布局因山形走势而巧妙规划，使自然地貌与人文创造浑然一体。透过国内城与丸都山城，可以见证已被历史长河湮没了的高句丽创造的辉煌文明。

古墓群中以将军坟、太王陵为代表的十几座大型高句丽王陵以及大量的王室贵族壁画墓，是高句丽建筑技艺、艺术成就的缩影。太王陵东侧的好太王碑，其用汉字镌刻的碑文是高句丽保存至今最早的文献资料，尤为重要的是，地方文化底蕴与周边特别是中原文化因素的有机交融在它们身上得到充分的展现，是高句丽文化昭示后人的经典之作。将军坟因其造型颇似古埃及法老的陵墓，因此被誉为"东方金字塔"。现存近7000座高句丽时期的墓葬——洞沟古墓群，堪称东北地区古墓群之冠。

墓葬群晨景

23

澳门历史城区

坐　　标：澳门特别行政区

批准时间：2005年7月

景　　观：妈阁庙、港务局大楼、郑家大屋、圣母
圣诞堂、圣老楞佐教堂、岗顶剧院、民
政总署大楼、三街会馆、仁慈堂大楼、
玫瑰堂、大三巴牌坊、旧城墙遗址、大
炮台、东方基金会会址、耶稣会纪念
广场

◎ 用脚步丈量澳门

澳门历史城区以澳门旧城为中心，通过相邻的广场和街道，串联起逾20座历史建筑，东起东望洋山，西至新马路靠内港码头，南起妈阁山，北至白鸽巢公园，以西式建筑为主，中西式建筑交相辉映，是中国境内现存年代最久、规模最大、保存最完整和最集中的历史城区。2005年7月15日，在第29届联合国教科文组织世界遗产委员会的会议上，澳门历史城区被列入《世界遗产名录》。旧城墙遗址最早可追溯至明隆庆三年（1569年），从当时澳门城市图可见，整个澳门城除西部内港外，北部、东部及南部均建有城墙，且要塞处建有炮台。

历史城区中的港务局大楼，旧称嚯啰兵营或摩尔兵营，位于妈阁街的坡道上，是一座阿拉伯建筑风格的砖石建筑。大楼由意大利人卡苏索（Cassuto）设计。初为澳门的印度警察营地。清光绪三十一年（1905年），改为澳门港务局和水警稽查队的办公地点，故又被称为水师厂。其楼顶设置的台风信号站，通过风球信号让渔民、船只与居民得知台风状况。始建于清同治十三年（1874年）的议事公局大楼，

1
2 | 3

1. 郑家大屋
2. 妈阁庙的妈祖阁
3. 大炮台

具有鲜明的南欧建筑艺术特色和葡萄牙风格，现作为博物馆使用。议事厅前地是澳门四大广场之一，是去大三巴牌坊的入口。始建于清道光元年（1821年）的基督教坟场，是澳门第一座基督新教坟场。坟场内的马礼逊小教堂，是澳门第一座基督教传道所，为基督教新教教堂在澳门早期的典型实例。哪吒庙不似旧城墙及大三巴牌坊那样雄伟，而是显得更为轻巧别致。

大三巴牌坊夜景

◎ 解读大三巴牌坊

　　大三巴牌坊又称为大三巴或牌坊，是澳门天主之母教堂［圣保禄教堂，于明万历八年（1580年）竣工］正面前壁的遗址。教堂先后经历了3次大火，屡焚屡建，直至清道光十五年（1835年），最后一场大火将其烧得只剩下教堂正门大墙，因其类似中国传统的牌坊而得名。

　　大三巴牌坊是澳门八景之一，由花岗岩建成，圣堂为巴洛克风格。前壁属祭坛式，在东亚地区较为罕见，特别要强调的是，前壁的浮雕极富东方色彩，如刻有中文字及东方花卉图案、石狮形的水漏，糅合东西方文化和艺术特色，体现了东西艺术的交融，雕刻精细，巍峨壮观。由3~5层构成三角金字塔形，牌坊顶端高耸着十字架，铜鸽下面是圣婴雕像和被天使、鲜花环绕的圣母塑像，堪称"立体的《圣经》"。大三巴附近的圣保禄学院是东亚最早的西式大学，实施西方教育的同时，还在这里对即将进入东方的传教士进行东方文化的培训。

24

殷墟

坐　　标：河南省安阳市

批准时间：2006年7月

景　　观：宫殿宗庙、王陵遗址、洹北商城、匈奴
　　　　　墓葬、甲骨文、青铜器

安阳文峰塔砖雕

◎ 殷墟地名的来历

　　殷墟是中国商朝晚期都城遗址，位于河南省安阳市，以小屯村殷墟宫殿宗庙遗址为中心，沿洹河两岸呈环形分布，总体布局严整。现存遗迹主要有殷墟宫殿宗庙遗址、殷墟王陵遗址、洹北商城、后冈遗址以及聚落遗址（族邑）、家族墓地群、甲骨窖穴、铸铜遗址、手工作坊等。2006年7月，殷墟被联合国教科文组织列入《世界遗产名录》。

　　公元前14世纪，盘庚迁都于此，称北蒙，亦称殷。直至帝辛（纣）亡国，共历273年，是中国商代后期的政治、经济、

甲骨文广场

文化、军事中心。周灭殷后，称殷墟。《史记·宋微子世家》中记载："其后箕子朝周，过故殷墟，感宫室毁坏，生禾黍，箕子伤之。"《史记·项羽本纪》记载："章邯使人见项羽，欲约……项羽乃与期洹水南殷墟上。"

考古发现小屯村北有宫殿遗迹，侯家庄一带有殷王族陵墓，出土10余万片甲骨刻辞及大量青铜器和生产工具、生活用品等遗物。著名的"后母戊"大方鼎，四周饰有夔龙纹和饕餮纹，通高1.33米，重达875公斤，为世界罕见的重器。还发现武官村大墓和祭祀坑、妇好墓及铸铜作坊、制骨作坊遗址等。现建有殷墟陈列室，展出大量殷代文物。近来新发现有规模宏大的殷代城址，为全国重点文物保护单位。殷墟是中国至今第一个有文献可考并为考古学和甲骨文所证实的都城，由殷墟王陵遗址、殷墟宫殿宗庙遗址、洹北商城遗址等构成。

宫殿宗庙遗址位于河南省安阳市洹河南岸的小屯村、花园庄一带，南北长1000米，东西宽650米，总面积71.5公顷，是商王处理政务和居住的场所，也是殷墟最重要的遗址和组成部分，包括宫殿、宗庙等建筑基址80余座。在宫殿宗庙遗址的西、南两面，有人工挖掘而成的防御壕沟，将宫殿宗庙环抱其中，起到类似宫城的作用。宫殿宗庙区还有妇好墓，这是迄今为止发现的唯一一座保存完整的商王室成员墓葬，也是唯一能与甲骨文联系并断定年代、墓主人及其身份的商代王室成员墓葬。墓室有殉人16人，出土器物1928件，包括468件青铜器、755件玉器以及564件骨器，另有将近7000枚海贝。

◎ 殷墟三宝

殷墟的发掘是证明商代真实存在的最直接的依据，是商代历史研究重要的证物。考古学家夏鼐曾说："安阳殷墟有三宝——甲骨文、青铜器、都城遗址。"

自清光绪二十五年（1899年）甲骨文被发现以来，截至今日，殷墟先后出土甲骨约16万片，分别藏于中、美、英、法、德、日等12个国家和地区的博物馆与学术机构中。甲骨文是用于记录占卜、祭祀的特殊需要所书刻的文字，并不是当时文字的唯一载体，与甲骨文同时期既有铭刻在青铜器上的金文，还有由甲骨文"典""册"等字形所表现出的竹简或木简上的书写文字，以及所见的书写在玉石上的文字和陶戈。甲骨文中所记载的资料将中国有文字记载的信史提前到了商朝，也产生了一门新的学科——甲骨学。最早对甲骨文的研究做出重要贡献的4位学者是：郭沫若（字鼎堂）、董作宾（字彦堂）、罗振玉（号雪堂）、王国维（号观堂），因其字或号中都有一个"堂"字，被称作"甲骨四堂"。

安阳殷墟出土的青铜器可分为青铜礼器、青铜武器和工具、马车或木器上的青铜制品、纯粹为死者陪葬的明器。在目前的考古发现中，青铜礼器数量最多，种类主要有鼎、尊、瓿、爵、斝、方彝、盘、盂、觯、壶、簋、甗、卣等。大部分青铜器物上有华丽图案装饰，象征着深刻的社会和历史意义，其中占主要位置的纹饰是一种被称作"饕餮"的神兽纹样。饕餮纹样的突出特征有巨目、阔口、柱角、利爪、蛇身等，实际已是一种糅合了的图腾崇拜形象。

安阳殷墟都城遗址的概念有广义和狭义之分，广义的殷墟都城概念南至朝歌、北至内丘有200多千米，《史记》中曾记载殷纣王时期这里到处都建有别宫离馆；狭义的殷墟都城的概念是以小屯为中心的洹水沿岸一带的商王宫殿宗庙区、王陵区以及周边的聚落，包括2000年所发现的四周有8700多米城墙的洹北商城。

安阳殷墟以其甲骨文、青铜器、大规模都城遗址，标志着中国古代高度繁荣发达的文明，成为中国上古时期夏、商、周三代考古和历史研究的坐标与里程碑。

25

开平碉楼与村落

坐　标：广东省开平市

批准时间：2007年6月

景　观：自力村碉楼群、马降龙碉楼群、锦江里
　　　　碉楼、三门里碉楼、赤水香江温泉

◎ 乡野间的古堡

在广东偏居一隅的开平，田野上、村落边、竹林间、绿树中，散落着大大小小的集居住与防御于一体的古堡式建筑1833座，既似民居，又似堡垒，被当地人称为碉楼。其建筑形式千姿百态，有中国传统建筑的飞檐、雕栏、硬山顶、悬山顶，又具欧陆建筑风情。

根据上部造型可以将开平碉楼分为柱廊式、平台式、退台式、悬挑式、城堡式和混合式等多种式样。这些不同的建筑造型反映着开平碉楼主人的经济实力、审美情趣和受外来建筑文化影响的程度，是开平碉楼最引人注目的地方。开平碉楼种类繁多，从建筑材料方面可分为4种：石楼、夯土楼、砖楼、混凝土楼。

碉楼四周环绕着稻田、竹林、果园、荷塘以及民居村落，山水远近错落，建筑融古希腊式、哥特式、罗马式、伊斯兰式于一体，看似中外多种建筑风格的组合，但又不失本土文化内涵，细节上无不彰显古朴沧桑，它们驻守在历史一隅，缓缓向后辈诉说着过往，无论远观还是近赏，都有着历史硝烟与时间散落的古堡风情。

1
―
2

1. 众楼群
2. 碉塔楼

◎ 地名寻踪

　　2007年开平碉楼与村落被正式列入《世界遗产名录》，中国由此诞生了首个华侨文化的世界遗产项目。

　　自力村碉楼群中有15座风格各异、造型精美、内涵丰富的碉楼，是开平碉楼兴盛时期的杰出代表。中华人民共和国成立后，由安和里、合安里和永安里3个方姓自然村组成，合称自力村。

　　迎龙楼是开平市现存最早的碉楼，地处潭江下游冲积平原。明嘉靖年间由关氏十七世祖关圣徒夫妇出资建造，取名迎龙楼，期望带给村民平安、好运。迎龙楼方形的建筑形体是开平碉楼最原始的模式。

　　1918年，村民集资在村后中部兴建锦江楼，为典型的众楼。建筑外形简洁，朴实无华，是防御性质的碉楼。1923—1925年，在香港做生意的黄璧秀为保护家乡亲人的生命财产安全，回乡兴建瑞石楼。1928年，赴美谋生的黄峰秀在家乡兴建升峰楼，该楼造型精致秀丽，充满南亚印度建筑的情调，是典型的居楼。马降龙村有13座保存完好的碉楼掩映在翠竹丛中，与周围民居、自然环境融为一体，无论远眺还是近观，有如翠竹绿浪中的"海市蜃楼"，尽显古堡之美。

1
─
2

1. 开平碉楼全景
2. 开平碉楼夜景

26

福建土楼

坐　　标：福建省南靖县、永定县、华安县

批准时间：2008年7月

景　　观：田螺坑土楼群、河坑土楼群、洪坑土楼
群、初溪土楼群、高北土楼群、齐云
楼、二宜楼、平和土楼、平和七星土楼
群、诏安土楼

◎ 世界上独一无二的山区民居建筑

　　福建土楼起源于唐代，盛行于元末明初，主要位于福建省南靖县、永定县、华
安县境内，包括南靖土楼、永定土楼、华安土楼、平和土楼、诏安土楼、云霄土
楼、漳浦土楼、泉州土楼等土楼群。福建现存圆楼、方楼、五角楼、八角楼等各式

永定土楼承启楼

客家围场土楼寨

土楼有30多种2.3万多座，其中圆楼的坚固性最好。2008年7月，福建土楼被正式列入《世界遗产名录》。福建土楼选用的是专门配制的三合土，此外还在泥土里加入了红糖、打散的鸡蛋清、不见米粒的糯米汤。夯建土墙时，加入木片、竹片或大块的山石，以加固墙体，保证土楼外墙不惧水浸，坚如磐石。在没有钢筋水泥的年代，客家人这种看起来近乎原始的建筑方式，成就了建筑史上的奇迹。

◎ 被誉为"家族之城"的土楼

无论哪座土楼，楼内的男性居民的姓氏都是相同的，是血缘关系较近的同宗同族人。每座土楼中，族长有绝对的话语权，这是土楼客家人在漫长的封建时期所严格遵守的一条原则，处在特殊背景和自然环境下的土楼客家人，血缘、亲情、乡情高于一切。福建土楼结构有多种类型，其中一种是内部有上、中、下三堂沿中心轴线纵深排列的三堂制，一般下堂为出入口，放在最前边；中堂居于中心，是家族聚会、迎宾待客的地方；上堂居于最里边，是供奉祖先牌位的地方。除了结构独特外，土楼内部窗台、门廊、檐角也为中国民居建筑中的精品。

从建筑本身来看，土楼中的祖堂是土楼客家人聚族而居的重要的证明，它是土楼客家人聚族而居的标志性建筑。大家和而共生，有了矛盾也很快就大事化小、小事化了。土楼俨然成了整个家族的城寨。

27

五台山

坐　　标：山西省忻州市

批准时间：2009年6月

景　　观：塔院寺、显通寺、菩萨顶、南禅寺、佛
光寺、南山寺、龙泉寺、写字崖、望海
峰、挂月峰、锦绣峰、叶斗峰、翠岩峰

◎ 歇龙石与五台山

五台山位于山西省忻州市，为中华十大名山之一。五台山由古老结晶岩构成，北部切割深峻，五峰耸立，峰顶平坦如台，由东台、西台、南台、北台和中台五大主峰环抱而成。东台望海峰、西台挂月峰、南台锦绣峰、北台叶斗峰、中台翠岩峰，其中北台叶斗峰最为险峻，是华北地区最高的山峰，有"华北的屋脊"之称。五峰之外称台外，五峰之内称台内，台内以台怀镇为中心。另外，五台山相传是文殊菩萨的道场，在佛教名山中的地位最高，是中国佛教四大名山之一。1982年，五台山风景名胜区被国务院批准列入第一批国家级风景名胜区名单。五台山与尼泊尔蓝毗尼园、印度鹿野苑、印度菩提伽耶、印度拘尸那迦并称为世界五大佛教圣地。2009年，五台山被联合国教科文组织列入《世界遗产名录》。

相传，五台山原为神仙方士所居，故名紫府，也称紫府山、五峰山道场。曾建有紫府庙，是道士修行的地方。

民间还流传文殊菩萨曾来此传教，用法除灾，拯救生活在苦难中的人们。当

初，文殊菩萨幻化为化缘和尚，到东海龙宫借宝，最终
得到了歇龙石。歇龙石被文殊菩萨带回了五峰山，没想
到歇龙石一落地，五峰山瞬间清泉潺潺、草长花开，连
气候都变得凉爽、舒适了。于是，歇龙石被叫作清凉
石，五峰山也被叫作清凉山。

　　而后，龙王的5个龙子回龙宫后，见歇龙石不见

1
—
2

1. 演教寺

2. 吉祥寺

了，问明缘由后一起赶赴五峰山寻找歇龙石。可五峰高耸，雾海苍茫，奈何怎样也寻不到。5个龙子愤怒至极，施展法力，不仅削掉了五峰的尖顶，还在每座台顶的半坡上留下成堆乱石。其实，他们不知，歇龙石就在清凉寺内。后传，文殊菩萨常端坐在清凉石上讲经、说法，《佛说文殊师利法宝藏陀罗尼经》记载："佛告金刚密迹王言：'我灭度后，于此南赡部洲东北方，有国名大震那，其中有山名五顶，文殊童子游行居住，为诸众生于中说法。'"

◎ 佛教与五台山

南北朝时期，五台山佛教的发展出现第一个高潮。北魏孝文帝对灵鹫寺进行较大规模的扩建，并在周围兴建了善经院、真容院等12座寺院。北齐时，五台山寺庙猛增到200余座。到了隋朝，隋文帝又下诏在5个台顶各建一座寺庙，即东台望海寺、南台普济寺、西台法雷寺、北台灵应寺、中台演教寺。

唐朝，五台山佛教的发展出现了第二个高潮。据《古清凉传》记载，全山寺院多达300所，有僧侣3000余人。此时的五台山，不仅是中国著名的佛教名山之一，还是名副其实的佛教圣地。

菩萨顶的金色佛塔

28

郑州天地之中
历史建筑群

坐　　标：河南省郑州市

批准时间：2010年8月

景　　观：中岳庙、汉三阙、会善寺、嵩阳书院、
　　　　　少林寺建筑群、嵩岳寺塔、观星台

◎ 中华文明起源的中心

　　郑州天地之中历史建筑群，是指河南省郑州市下辖的县级市——登封市的一批具有悠久历史的文物古迹，包括周公测景台和观星台、嵩岳寺塔、太室阙和中岳庙、少室阙、启母阙、嵩阳书院、会善寺、少林寺建筑群（包括常住院、塔林和初祖庵）等8处11项优秀历史建筑。建筑群中的建筑，历经汉、魏、唐、宋、元、明、清多个朝代，构成了中国中原地区上下2000年的建筑史，是中国历史上跨度最大、建筑种类最多、文化内涵最丰富的古代建筑群之一，是中国先民独特的宇宙观和审美观的真实体现。2010年8月郑州天地之中历史建筑群被列入《世界遗产名录》。

　　依照中国古老的宇宙观，中国位居天地中央之国，天地的中心在中原的郑州登封一带，因而，此处便是中国早期王朝建都之地、中华文明起源的中心和文化荟萃的中心。儒、佛、道三家文化均在这里设有弘扬传播本流派文化的大本营，同时，这里也成为人们测天量地的中心。基于这样的历史背景，这里汇聚和留存了大量珍贵的文物古迹。

霞光中的少林寺

　　创建于东汉时期的少室阙、启母阙，是中国最古老的国家级祭祀礼制建筑典范；中岳庙和太室阙，是中国古代礼制建筑格局最全面的代表；周公测景台和观星台，是中国现存最古老的天文台；嵩阳书院作为中国最早的传播儒家理学、祭祀儒家圣贤和举行考试的书院，是书院文化的载体；嵩岳寺塔、少林寺建筑群和会善寺，是不同时期佛教在中国发展的纪念碑。

◎ 观星台是天地之中的重要历史见证

　　在天地之中历史建筑群中，观星台以其独特价值在世界科技史、建筑史上占据重要地位，也是登封嵩山作为天地之中的重要历史见证。观星台建于元世祖至元十三年（1276年）至十六年（1279年），是中国现存最古老的天文台，也是世界上现存最早的观测天象的建筑之一。据文献记载，早在西周初年（约公元前1037年）时，周公意欲迁都洛阳，但遇到了各种势力的强烈反对，于是周公决定测日影定"地中"，为迁都洛阳寻找天象根据。历经测量，他在登封告成镇找到了"地中"，创立了"天地之中"学说，唐开元十一年（723年），由太史监南宫说仿周公土圭旧制，建成了现今依然保存完好的石圭、石表式的周公测景台。元至元十七年（1280年），郭守敬通过在观星台的实地观测编制出当时世界上最先进的历法——《授时历》，其精确度与现行公历仅相差26秒，创制时间却早了300年。

◎ 嵩阳书院是宋代理学的发源地之一

在天地之中历史建筑群中，嵩阳书院因其独特的儒学教育建筑性质，被专家称为研究中国古代书院建筑、教育制度以及儒家文化的"标本"。

嵩阳书院是中国最早、最具影响力的书院之一。它始建于北魏太和八年（484年），经过历代的修缮，今天的书院保持了清代的建筑布局。中轴线建筑由南向北分为五进落院，分别为大门、先圣殿、讲堂、道统祠和藏书楼。中轴线两侧有25座古建筑和108个房间。嵩阳书院是宋代四大书院之一，名儒司马光、范仲淹、程颐、程颢等相继在此讲学，是宋代理学的发源地之一。

嵩阳书院建筑是中国北方书院建筑的代表和样板，通过建筑反映了儒家之道。它以讲堂为中心，前祠后楼，体现了儒家讲学、藏书、供祭"三大事业"的主体地位。建筑群布局严谨，体现了儒家"礼乐结合"的思想。从整体的建筑格局到每一座建筑，都遵循着伦理的秩序。

王中静舍

29

杭州西湖

坐　　标：浙江省杭州市

批准时间：2011年6月

景　　观：西湖十景（苏堤春晓、断桥残雪、曲院风荷、花港观鱼、柳浪闻莺、雷峰夕照、三潭印月、平湖秋月、双峰插云、南屏晚钟）

◎ "西湖十景"

杭州西湖文化景观位于浙江省杭州市，由西湖自然山水、"两堤三岛"景观格局、"三面云山一面城"的城湖空间特征、"西湖十景"题名景观、西湖文化史迹、西湖特色植物六大要素组成。2011年6月，杭州西湖文化景观被列入《世界遗产名录》。

"西湖十景"是指西湖及其周边的10处特色风景，分别是苏堤春晓、断桥残雪、曲院风荷、花港观鱼、柳浪闻莺、雷峰夕照、三潭印月、平湖秋月、双峰插云、南屏晚钟。杭州西湖不仅是一个自然湖，更是一个人文湖。西湖是"自然与人类共同的作品"，春来"花满苏堤柳满烟"，夏有"红衣绿扇映清波"，秋是"一色湖光万顷秋"，冬则"白堤一痕青花墨"。

◎ 断桥实为段桥

　　相传很早以前，西湖白沙堤只有一座小木桥与湖岸相连，这是游人到孤山的必经之路。木桥年久失修，桥板断裂，给游人带来不便。桥旁一间简陋的茅舍里住着一对姓段的夫妇，男的以捕鱼为生，女的在门口摆个酒摊，卖家酿土酒，生意清淡。

　　段氏夫妇后因救助了一位白发老人，获其赠送的3颗酒药。用后，酿出来的酒颜色猩红、甜醇无比、香气袭人，段家猩红酒名扬杭城，生意红火。又过了3年，一个冬天，西湖大雪，段氏夫妇又遇白发老人，二人留老人长住。然而，老人仅住了一宿就告辞了。临别之时，老人拒绝了段家夫妇作为答谢的300两银子，告知钱应该用在要紧的地方。说罢，踏雪而去。在踏上小桥没多久，便因桥板断裂，跌进了湖里。段氏夫妇忙去相救，才知老人并非凡人。夫妇俩想着老人临别的叮嘱，便用300两银子造了一座青石拱桥，桥头还建了亭子。当地百姓为纪念段氏夫妇，就给这座桥取名为"段桥"，后来被传成了"断桥"。

◎ 三潭印月

三潭印月是西湖中最大的岛屿，具有湖中有岛、岛中有湖、园中有园、曲回多

初夏泛舟湖中

变、步移景新的江南水上庭园的艺术特色，为西湖十景之一，被誉为西湖第一胜景。人民币一元纸币的背面图就是三潭印月的盛景。

三潭印月的来历，最初可追溯到北宋苏东坡治杭期间。相传苏东坡在杭州做官时，赶上大旱，于是他就发动老百姓，挖深西湖，让西湖可以储存更多的湖水来浇灌农田。同时，把挖出的泥堆成一道长堤和一个小岛。为了便于观察水情，在湖水最深的地方立了3个石塔作为水深记号，3个石塔造型优美别致，上头尖、中间镂成一个空心的球，像3只宝葫芦。

中秋节的晚上，人们在3个石塔里点起灯烛，再把石塔上的小圆洞蒙上薄纸，水里就会映出好多小月亮，月照塔，塔映月，景色十分迷人，"三潭印月"的名字便由此而来。

30

元上都遗址

坐　　标：内蒙古自治区锡林郭勒盟正蓝旗草原

批准时间：2012年6月

景　　观：忽必烈铜雕像、金莲川草原、皇城、宫城、遗址博物馆

◎ 追寻先人的足迹

　　元上都遗址位于内蒙古自治区锡林郭勒盟正蓝旗草原，这里曾是世界上最大帝国元王朝的首都，始建于元宪宗六年（1256年）。它是中国元王朝及蒙元文化的发祥地，忽必烈在此登基建立了元朝。2012年6月，元上都遗址被列入《世界遗产名录》。

　　据相关史料记载，元上都曾拥有人口11万，城垣周长8000米有余。城内有官署约60所，各种寺庙堂观160余处，为漠北与中原的交通枢纽。元上都遗址分为宫城、皇城、外城，北面环山，南面向水，以宫殿遗址为中心，呈分层放射状分布，是农耕文明与游牧文明融合的产物，是草原文化与中原农耕文化融合的杰出典范。

◎ 毁于大火的元上都

　　元至正十八年（1358年），红巾起义军从曹州打到大同，从大同打到中都，从中都打到上都，烧了中都烧上都，将这座都城付之一炬。

如今，元上都宫阙旧迹俱已泯没。目前，仅城址尚存。2002年起，内蒙古自治区对正蓝旗元上都遗址进行了局部修复。这座被史学家誉为"可与意大利古城庞贝相媲美"的都城遗址，融合了蒙古文化、华夏文明，记录了人类历史上一段重要的文明时期。

1	2
3	

1. 断壁残垣
2. 出土文物
3. 敖包

31

红河哈尼梯田
文化景观

坐　　标：云南省红河哈尼族彝族自治州
批准时间：2013年6月
景　　观：五彩梯田、普朵上寨传统民居

◎ "一山分四季，十里不同天"

　　红河哈尼梯田文化景观位于云南省红河哈尼族彝族自治州元阳县，包括了最具代表性的、集中连片分布的水稻梯田及其所依存的水源林、灌溉系统、民族村寨。红河哈尼梯田文化景观的历史可追溯到1300年前的唐代，是以云南红河哈尼族彝族自治州元阳县的哈尼族为主的各族人民，利用"一山分四季，十里不同天""山有多高，水有多高"的特殊地理气候开垦共创的梯田农耕文明奇观。2013年6月，红河哈尼梯田文化景观被列入《世界遗产名录》。

　　红河哈尼梯田文化景观呈现的是森林、水系、梯田、村寨"四素同构"的农业生态系统，农耕生产技术和传统文化活动均围绕梯田展开。因天气和所种植物不同，会呈现出不同的色彩——晴天时梯田呈蓝色，阴天时呈灰色，早晚呈金黄色；因植物不同，会分别呈现出绿色、红色、黄色等。斑斓的色彩、美丽的线条，描绘出一幅田园水彩画。红河哈尼梯田因此被当代人誉为"伟大的大地雕刻"。

　　坊间称，哈尼梯田有四绝：一绝为面积大，形状各异的梯田连绵成片，每片面积

1
─
2

1. 稻田里劳作的农民
2. 红河哈尼梯田文化景观航拍风景

白云下的彩色稻田

多达上千亩；二绝为地势陡，从15度的缓坡到75度的峭壁上，均可看见梯田；三绝为级数多，最多的时候能在一面坡上开出3000多级阶梯；四绝为海拔高，梯田由河谷一直延伸到海拔2000多米的山上，可以到达水稻生长的最高海拔极限。红河哈尼梯田有多依树、坝达、猛品、金竹寨龙树坝等景点，各具特色。

◎ 因人而存在的哈尼梯田

要想守住绿水青山，就要采用可持续的耕作。把人留住，才能守得住梯田。阿者

科村有着160余年的历史，是哈尼梯田遗产的重点村落之一。村里留存的60余栋传统民居"蘑菇房"，被专家认定是元阳县保存最为完好的哈尼族建筑群。

　　元阳县采用内源式村集体企业主导的旅游开发模式，对村寨进行整体改造，促进哈尼梯田的旅游开发。哈尼梯田遗产的保护不仅需要对环境进行治理，也需要留住人来耕种梯田。可以说，村民是梯田的一部分，他们既是资源的拥有者，也是资源的守护者。倘若没有村民，哈尼梯田将不复存在。

大运河

坐　　标：北京、天津、河北省、山东省、河南省、安徽省、江苏省、浙江省

批准时间：2014年6月

景　　观：总督漕运公署遗址、淮扬运河扬州段、孟城驿、邵伯古堤、瘦西湖、天宁寺行宫、汪鲁门宅、盐宗庙、卢绍绪宅、清名桥历史文化街区、盘门、宝带桥、山塘历史文化街区、平江历史文化街区、龙王庙行宫、临清运河钞关、阳谷古闸群、戴村坝、南旺分水龙王庙遗址

◎ 世界上开凿最早、规模最大的运河

大运河为世界上最长的运河，也是世界上开凿最早、规模最大的运河，始建于公元前5世纪，包括隋唐大运河、京杭大运河和浙东大运河3部分，全长2700千米，跨越地球10多个纬度，地跨北京、天津、河北、山东、河南、安徽、江苏、浙江等省、直辖市，纵贯在中国大地上，通达海河、黄河、淮河、长江、钱塘江五大水系，是中国古代南北交通的大动脉。2014年大运河被列入《世界遗产名录》。申报的系列遗产分别选取了各河段的典型河道段落和重要遗产点，包括河道遗产27段，总长度1011千米，相关遗产共计58处。

隋唐大运河部分包括通济渠、邗沟、永济渠和江南运河。通济渠，又名蒗宕渠、汴渠，春秋战国时期，已开凿了鸿沟。汉魏时期又开凿了阳渠，疏浚整修了汴渠。隋朝通济渠是将汴渠、阳渠疏浚而成的，汴渠是通济渠的主要渠身。春秋时期吴王夫差下令开凿了连通长江和淮河之间的运河，因途经邗城，故得名"邗沟"。邗沟沟通了长江、淮河两大河流，成为隋唐大运河最早修建的一段。隋大业四年

1. 大运河现代化闸口

2. 浙江嘉兴月河历史街区

3. 大运河杭州段

（608年）隋炀帝下令修永济渠，引沁水，南达于河，北通涿郡。永济渠也是利用之前王朝开凿留下的运河河道与自然水道疏浚而成的。江南运河的开凿历史可追溯到春秋时期，吴国开通了从今江苏到长江的运河，从苏州的北门起，向西北穿过漕湖，经太伯渎与江南运河而上，再经阳湖北行，入古芙蓉湖，然后由利港入长江，以达于扬州。

京杭大运河主要包括通惠河、北运河、南运河、鲁运河、中运河、里运河、江南运河7部分河段，途径北京、天津、河北、山东、江苏、浙江6省、直辖市。京杭大运河作为南北的交通大动脉，对中国南北地区之间的经济、文化发展与交流有着

苏州山塘街夜景

巨大贡献，特别是对沿线地区工农业经济的发展起了巨大作用。在元代成为沟通海河、黄河、淮河、长江、钱塘江五大水系，纵贯南北的水上交通要道。明、清两代保持元运河的基础，明代时重新疏浚元末已淤废的山东境内河段，从明中期到清前期，在山东微山湖的夏镇（今微山县）至清江浦（今淮安）间，进行了黄运分离的开泇口运河、通济新河、中河等运河工程，并在江淮之间开挖月河，进行湖漕分离的工程。

浙东大运河的浙江省东部宁绍平原上的主干航道西段萧绍运河（旧称西兴运河）系古代人工疏浚、开凿而成；东段利用余姚江天然水道，余姚江在丈亭以下，

江宽达150～250米，水深4～5米，至宁波市汇入甬江。

◎ 清代帝后最爱的水道究竟有多美

大运河既流淌着北京城深厚的文化记忆，也流传着住在运河边上数代人的故事。说到清代帝后最爱的水道，不得不提西堤6桥，分别是界湖桥、豳风桥、玉带桥、镜桥、练桥和柳桥。可谓桥桥有典故，桥桥有风景。

界湖桥由纯一色的青白石砌成，有3个方形桥洞，宽宽大大的桥身上是层层叠叠的梯级。豳风桥早年名为桑苎桥，后为避讳咸丰帝奕詝的名讳改为豳风桥，中间的桥洞为方形，两边为圆形。玉带桥俗称罗锅桥，桥体高拱，桥身洁白，且薄而俏，仿若碧水上的一条玉带。镜桥取自李白"两水夹明镜，双桥落彩虹"的诗句。练桥取自谢朓"余霞散成绮，澄江静如练"的诗句。柳桥取自白居易"柳桥晴有絮，沙路润无泥"的诗句。

◎ 大运河的北端点——积水潭

早些年，积水潭的水域面积相当大，东起现在的地安门外大街，西至西直门外。整个积水潭地区即为现在的什刹海。当时，郭守敬奉旨修建通惠河，积水潭作为大运河的终点码头。自此，从南方来的漕船直抵积水潭。兴盛时每天进港的漕船多达二三百艘，每年运进的漕粮达三四百万石（1石粮食约为60千克）。元代诗人王冕有"燕山三月风和柔，海子酒船如画楼"的诗句，形象地描写了当年积水潭港的盛况。

现在的积水潭以北京城的原皇城北城墙为界一分为三，什刹海（又称前海）、后海、积水潭（又称西海），统称为"外三海"，以"什刹海"概称。

丝绸之路: 长安—天山廊道的路网

坐　　标:	河南省、陕西省、甘肃省、新疆维吾尔自治区
批准时间:	2014年6月
景　　观:	汉长安城未央宫遗址、唐长安城大明宫遗址、大雁塔、兴教寺塔、张骞墓、彬县大佛寺石窟、隋唐洛阳城定鼎门遗址、新安汉函谷关遗址、崤函古道石壕段遗址、玉门关遗址、悬泉置遗址、麦积山石窟、炳灵寺石窟、锁阳城遗址、交河故城、克孜尔尕哈烽燧、克孜尔石窟、苏巴什佛寺遗址

◎ 丝绸之路的由来

　　丝绸之路，简称丝路，通常指陆上丝绸之路。广义的丝绸之路分为陆上丝绸之路和海上丝绸之路。陆上丝绸之路起源于西汉（公元前202—8年）汉武帝派张骞出

月牙湖风光

使西域。清光绪三年（1877年），德国地质地理学家李希霍芬在其著作《中国》一书中，把"从公元前114年至127年间，中国与中亚、中国与印度间以丝绸贸易为媒介的这条西域交通道路"命名为"丝绸之路"，这一名词很快被学术界和大众所接受，并正式使用。2014年，中国、哈萨克斯坦、吉尔吉斯斯坦三国联合申报的陆上丝绸之路的东段"丝绸之路：长安—天山廊道的路网"成功申报为世界文化遗产，成为首例跨国合作而成功申遗的项目。

◎ 丝绸之路的开拓者

西汉建元二年（公元前139年），张骞率领100多人跟随甘父，从陇西出发，奔赴大月氏。途中经历了被俘、逃离等各种周折，最后到达大月氏。又因大月氏迁都大夏，不愿再跟匈奴对抗。张骞无奈之下，辗转途经数国后归国。

张骞自请出使西域，历经艰险，前后13年，足迹遍及天山南北和中亚、西亚各地，是中原去西域诸国的第一人。此后，张骞不畏艰险，又两次出使西域，沟通了亚洲内陆交通要道，与西欧诸国正式开始了友好往来，促进了东西方经济文化的广泛交流，开拓了从中国甘肃、新疆到今阿富汗、伊朗等地的陆路交通，是中国走向世界的第一人。

◎ 丝绸之路上的美景

丝绸之路是中国最具史诗意义的旅程之一，沿途景致美不胜收。
大雁塔位于唐长安城晋昌坊的大慈恩寺内。唐永徽三年（652年），玄奘为保存

　　由天竺经丝绸之路带回长安的经卷佛像主持修建了大雁塔，最初为5层，后加盖至9层。大雁塔为现存最早、规模最大的唐代四方楼阁式砖塔，是佛塔这种古印度佛寺的建筑形式随佛教传入中原地区，并融入华夏文化的典型物证，是凝聚了中国古代劳动人民智慧结晶的标志性建筑。

　　麦积山石窟被誉为"东方雕塑馆"，风景秀丽，以细腻精美的泥塑闻名遐迩。麦积山位于丝绸之路四大重镇之一的天水境内，高150米，因形如农家麦垛而得名。麦积山是典型的丹霞地貌，石窟开凿于悬崖峭壁之间，有的甚至开凿在高达70~80米

1 | 2
  | 3

1. 西安古城墙夜景
2. 麦积山石窟彩塑
3. 交河故城

的峭壁上，是我国现存最陡峭险峻的石窟。与敦煌莫高窟、大同云冈石窟、洛阳龙门石窟并称中国四大石窟。

　　说到丝绸之路，还不得不说大漠夕阳，骆驼商队慢慢地走向远处的绿洲的美景。丝绸之路上有一个宛如仙境的地方——月牙湖。月牙湖地处新疆维吾尔自治区阜康市北部梧桐沟沙漠风景区的深处，因形似月牙而得名。月牙湖属于内陆湖，是古旱池，湖水清澈，湖边有芦苇丛，不时还会有一对鸳鸯浮于湖面。月牙湖周边四季景色宜人，深受徒步爱好者们的喜爱。

土司遗址

坐　　标：贵州省、湖南省、湖北省

批准时间：2015年7月

景　　观：贵州播州海龙屯遗址、湖南永顺老司城遗
址、湖北唐崖土司城遗址

◎ 隐匿在深山中的土司王国

　　土司遗址分布于南方多民族聚居的湘、鄂、黔三省交界的武陵山区，现存的主要遗址类型包括土司城遗址、土司军事城址、土司官寨、土司衙署建筑群、土司庄园、土司家族墓葬群等。13—20世纪初，元朝、明朝、清朝中央政权在西南少数民族地区实行"土司制度"。2015年7月，中国土司遗址被列入《世界遗产名录》。中国土司遗址包括湖南永顺老司城遗址、贵州播州海龙屯遗址、湖北唐崖土司城遗址，3处遗址的组合反映了土司制度发展的重要历史阶段，具有共同的价值主题和聚落、建筑特点。

　　据《鹤峰县志》记载："早在2000多年前，土家族的先民容米部落就在这里繁衍生息，唐宋以来为容美土司领地，田氏土王世袭相承，雄踞一方，连续800余载。"其中的"唐宋以来为容美土司领地"中提到的容美，第一次在史书上被正式记载是在元至大元年（1308年）。

　　到明清时期，容美土司发展壮大为鄂西南势力最强大的土司，其鼎盛时期辖地

1
—
2

1. 土司遗址建筑细节

2. 唐崖河景观

东与荆楚地区相接，西连巴蜀，向南经过溇水、澧水可达洞庭湖区，北与文化经济发达的江汉平原相邻，所辖面积达7000平方千米，包括现在的恩施土家族苗族自治州鹤峰县和宜昌市五峰土家族自治县大部，宜昌市长阳土家族自治县的西南部，恩施州巴东、建始县等清江以南的大部地区，甚至延伸到清江以北的野三关一带，以及与湖南省常德市石门县、张家界市桑植县接壤的部分地区。到容美土司末期，其所辖范围缩减，但清雍正皇帝在给地方官奏折上的朱批中依旧写道："楚蜀各土司中，唯容美最为富强。"

◎ 湖北唐崖土司城遗址

湖北唐崖土司城遗址位于湖北省恩施土家族苗族自治州咸丰县尖山乡唐崖司村东3000米处，主要遗存年代为明代中后期至清初期。它在3处遗址中尤其彰显出其显赫的历史地位和"三街十八巷三十六院"的宏伟气势。更为难能可贵的是，遗址除了中央衙署区，其他部分并未进行大规模考古发掘，几乎是原址保护。历经五六百年沧桑巨变，能有如此完好的呈现，所以弥足珍贵。自元至正六年（1346年）覃氏始祖被封为安抚司后，直至清雍正十三年（1735年）被废除前，唐崖土司历经16代389年的司城都在这里。

城址总面积约75万平方米，从外至内分为外城、内城和宫城三重。城内功能分区比较明显，街巷纵横。

◎ 湖南永顺老司城遗址

湖南永顺老司城遗址位于湖南省湘西土家族苗族自治州永顺县灵溪镇司城村，为永顺彭氏土司历代中心司城所在，自南宋绍兴五年（1135年）起，直至清雍正二年（1724年）另迁他处为止，历时近600年，是中国目前经过大规模考古发掘全面揭示的土司城堡遗址。经国家考古专家认定，该遗址也是当今中国规模最大、保存最完整、历史最悠久的土司城遗址。

城址中的彭氏宗祠、玉皇阁、文昌阁、子孙永享牌坊等古建筑保存完好，古城墙、古街道、排水沟渠、土司墓葬群等仍然可见。老司城中心城址是中国西南山水城市的优秀范例。

◎ 贵州播州海龙屯遗址

　　贵州播州海龙屯遗址被称为中国乃至亚洲保存最好的古军事城堡建筑遗迹之一，位于贵州省遵义市老城北约15千米的龙岩山东麓，始建于南宋宝祐五年（1257年），毁于明万历二十八年（1600年）。遗址所在山峰相对高度约350米，三面环水，一面衔山，地势险要，如今周长约6000米的环屯城墙尚存，屯东铜柱、铁柱、飞虎、飞龙、朝天、飞凤六关，屯西后关、西关、万安三关依然屹立。此外尚有金银库、四角亭、采石场、校场坝、环屯马道和敌楼等遗迹。

1
—
2

1. 土王墓葬
2. 张王庙罩马亭

35

左江花山岩画
文化景观

坐　　标：广西壮族自治区崇左市
批准时间：2016年7月
景　　观：岩画

◎ 填补中国岩画类世界遗产项目空白的花山岩画

　　左江花山岩画文化景观位于广西壮族自治区崇左市宁明县、龙州县及江州区和扶绥县境内。目前，已发现的岩画点有89个。宁明县的花山岩画是左江流域岩画的典型代表。左江花山岩画文化景观包括沿左江及其支流明江密集分布的38个岩画点（含107处189组岩画，共3800多个图像），以及与其共同构成文化景观的山崖、河流、台地等环境要素。

　　左江花山岩画点被认定是世界单幅最大岩画，在8000多平方米的绝壁上涂绘有

左江花山岩画全貌

1951个图像。2016年7月，左江花山岩画文化景观被列入《世界遗产名录》，实现了广西世界文化遗产和中国岩画类世界文化遗产两个"零"的突破。左江花山岩画申遗成功填补了中国岩画类世遗项目的空白，对于加强广西文化遗产保护，推进民族文化强区建设，扩大广西民族文化乃至中华文化的国际知名度、影响力、美誉度有着重要而深远的影响。左江花山岩画文化景观面积为66.21平方千米，划分为3个遗产区，其中宁明县为第一遗产区，龙州县为第二遗产区，江州区和扶绥县为第三遗产区。

岩画绘制年代可追溯到战国至东汉时期，已有2000多年历史，其地点分布之广、作画难度之大、画面之雄伟壮观，为国内外罕见，具有丰富的艺术内涵和重要的考古科研价值。左江花山岩画因其景观、岩画与中国南方壮族先民古骆越人生动而丰富的社会生活融合在一起而显示其独特性。始于明江上游的珠山岩画，沿江止于左江中下游的万人洞山岩画，河段长105千米。岩画的图像有人物、动物和器物，画面很有层次感，3类图像交错并存。人物是主像，只有其轮廓，并无五官；动物常置于人物前，或为坐骑，或为祭品；器物或立于人胯下，或置于人的周围。

◎ 穿越时空的神秘图腾

宋代李石《续博物志》中记载："二广深溪石壁上有鬼影，如澹墨画。船人行，以为其祖考，祭之不敢慢。""鬼影"指的是什么？又是谁让人"祭之不敢慢"？经考证，"鬼影"指的是绘在左江两岸绵延数百千米绝壁上的赭红色人像，民间称"小红人"。"小红人"岩画的绘画者应为2000年前生息繁衍于此的壮族先民古骆越人。在没有文字记载的年代，古骆越民族用"图腾"把自己的生活状态记录下来，充满了神秘色彩。

36

鼓浪屿：历史国际社区

坐　　标：福建省厦门市

批准时间：2017年7月

景　　观：日光岩、菽庄花园、皓月园、毓园、鼓
浪石、厦门海底世界

◎ 鼓浪屿的前世今生

鼓浪屿在短短几十年的时间里建成了1000多栋具有中西特色、风格各异的别墅，并先后创造了150个"中国之最"。2017年7月8日"鼓浪屿：历史国际社区"被列入《世界遗产名录》。

鼓浪屿原名"圆沙洲"，别名"圆洲仔"，南宋时期名"五龙屿"，明朝改称"鼓浪屿"。因岛西南方海滩上有一块2米多高、中有洞穴的礁石，每当涨潮水涌，浪击礁石，声似播鼓，人们称"鼓浪石"，鼓浪屿因此而得名。

位于泉州路99号的金瓜楼，极具代表性。外墙上既有中式的蝙蝠、古松图案，也有西洋的骏马、战旗图案。在寓意福寿绵延的同时，又寓意旗开得胜。精细的装饰，至今依然保存完好。从一座座老别墅旁经过，像是走完了一个世纪，像是穿越了百年。无论是自然景观日光岩，还是绿草茵茵的球场；无论是遗址，还是风貌建筑，俨然都幻化为历经鼓浪屿百年风云的讲述者。

中外风格各异的建筑在鼓浪屿被完好地保留，鼓浪屿有"万国建筑博览""钢

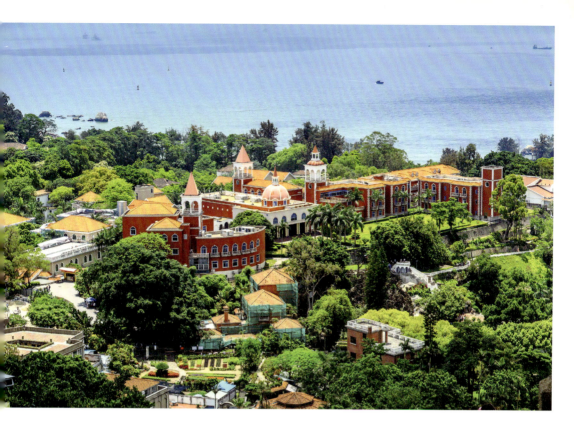

琴之岛""音乐之乡"之美称。

◎ 具有厦门装饰风格的海天堂构

　　海天堂构是菲律宾华侨黄秀烺和同乡黄念忆在1920—1930年建的别墅群，总占地面积6500平方米。

　　海天堂构的前身是清同治十二年（1873年）兴建的"万国俱乐部"，20世纪20年代被黄秀烺买下。依英国人提供的俱乐部的图纸，黄秀烺在原建筑的右边新建了

一座别墅，格局完全按照中国建筑讲究对称的原理来设计。而后，黄秀烺又以两座建筑的中间位置为中轴线，在两端和中间位置建了3栋别墅，海天堂构也就成为鼓浪屿上唯一按照中轴线对称布局建造的别墅建筑群。5栋别墅以中楼最具个性，廊柱为方形，由红砖砌成，色调自然和谐；而正厅则由4个垂柱花篮与栏杆上的花盆上下对应，并以斗拱装饰走廊外檐，显得格外稳重。

　　海天堂构这座外观融合了中式建筑和西式建筑的别墅中楼，"是宫非宫胜似宫，亦殿非殿赛过殿；不中不洋不寻常，中西结合更耐看"。硬要归类的话，唯有厦门装饰风格最贴切。

海滨印斗石外滩景区

37

良渚古城遗址

坐　　标：浙江省杭州市

批准时间：2019年7月

景　　观：良渚博物院、陆城门、南城墙、钟家港、
东城墙、雉山、莫角山、反山、凤山、大
观山

◎ 5000余载中华文明史实证

　　历史上，良渚文明曾与同时期的古埃及文明、苏美尔文明、哈拉帕文明并存。由于良渚文明被发现得太迟，因此对中华文明形成的重要性长期被低估。国际学术界曾长期认为，中华文明始于距今3500年前后的殷商时代。

　　良渚古城遗址属于新石器时代文化遗址。该遗址是良渚文化最重要、最具代表性的遗址，被誉为"中华第一城"。2019年7月中国良渚古城遗址被列入《世界遗产名录》。不仅让中国的世界遗产数量达到55处，超越意大利，成为全球拥有世界文化遗产最多的国家，同时也填补了《世界遗产名录》中东亚地区新石器时代考古遗址的空缺，为中华5000年文明史提供了重要的见证。

　　良渚古城遗址位于浙江省杭州市余杭区瓶窑镇，地处中国东南沿海长江流域天目山东麓河网纵横的平原地带，是太湖流域早期区域性国家的权力与信仰中心。由此展开的良渚文明，遍布浙江、江苏、上海、安徽、江西等地，现已发掘出600余处遗址。据考察，除良渚古城遗址，还有武进寺墩、昆山赵陵山、青浦福泉山等次中心聚

落，在学界看来，良渚古城遗址已经达到"国家"的标准，这也代表着中华文明的起源。

◎ 良渚的神秘面纱在1936年被揭开

1936年，在西湖博物馆工作的年仅25岁的施昕更发现了良渚遗址，并出版了《良渚——杭县第二区黑陶文化遗址初步报告》。由于之前出土的良渚玉器均被认为属于周汉时期，大家并没有认识到良渚文化的重要性。此次施昕更的最新发现，在学界引起了关注。

1959年考古学家夏鼐将以良渚遗址为代表的史前遗存命名为"良渚文化"，这属于当时中国最早命名的史前考古学文化之一。20世纪80年代，良渚文化迎来了黄金时代。其间，考古工作者先后发掘了良渚反山贵族墓地、瑶山祭坛及贵族墓地、莫角山巨型土台等，清理了一批随葬玉琮、玉璧、玉钺等玉礼器的权贵大墓。

◎ 良渚古城遗址的特征

良渚古城遗址以规模宏大的古城、功能复杂的水利系统、分等级墓地（含祭坛）等一系列相关遗址，以及具有信仰与制度象征的系列玉器，揭示了中国新石器时代晚

期在长江下游环太湖地区曾经存在过一个以稻作农业为经济支撑的、出现明显社会分化和具有统一信仰的区域性国家。良渚古城的特征主要有以下几个方面：

一是规模宏大。良渚古城由宫殿区、内城、外城组成，呈向心式三重布局，古城外围还分布着体量巨大的水利系统。良渚古城外围存在着由许多条坝体构成的庞大水利系统，说明当时的统治者十分清楚如何规划水利设施建设和管理劳动力，这为我们了解早期国家的组织方式提供了很大帮助。原故宫博物院院长张忠培认为，良渚古城在中国是独一无二的，其意义和价值堪比殷墟，堪称"中华第一城"。

良渚文化村风光

二是功能齐全。仅在内城区，就有宫殿区、皇陵区、仓储区、作坊区的考古遗存，显示出明显的城市文明特征。

三是规划合理。整个古城体系的布局与山形水势完全契合。"水城"的规划格局和建设技术，体现了良渚先民卓越的规划理念。

四是影响深远。良渚古城的布局类似于中国后世都城"宫城、皇城、郭城"的三重结构体系，反映了社会等级制度的"秩序"建构，凸显了权力中心的象征意义。它是中国乃至东亚地区早期城市规划的典范。

第二章

自然遗产

神奇的大自然打造了令人无法遗忘的自然之景，或美得令人窒息，或遗留地球进化的足迹。

黄龙

坐　　标：四川省阿坝藏族羌族自治州

批准时间：1992年12月

景　　观：迎宾池、飞瀑流辉、洗身洞、盆景池、
黄龙寺、牟尼沟、扎嘎大瀑布、溅玉
台、二道海、珍珠湖、红星岩、雪宝
顶、四沟景区、丹云峡

◎ 黄龙因何得名

　　黄龙位于四川省松潘县，是中国唯一保护完好的高原湿地，1992年被列入《世界遗产名录》。黄龙以彩池、雪山、峡谷、森林"四绝"著称于世，再加上滩流、古寺、民俗称为"七绝"。景区由黄龙沟、丹云峡、牟尼沟、雪宝顶、雪山梁、红星岩等景区组成。它不仅以其独特的喀斯特地貌而闻名，还以其丰富的动植物资源而闻名。主景区黄龙沟，似中国人心目中"龙"的形象，历来被誉为"人间瑶池""中华象征"。在当地更为各族乡民所尊崇，藏族民众称之为"东日·瑟尔峻"，意为东方的海螺山（指雪宝顶）、金色的海子（指黄龙沟）。

　　这里乳黄色的鳞状钙华体已经堆积了千百年，呈梯田状沿着地势曼延上升。从远处看，犹如一条由时光精雕细琢的巨龙。十步九曲的"黄龙"从皑皑的岷山顶上飞腾而下，昂着头摆动着尾巴，遨游于回转的山谷中。古人称赞道："金沙铺地，千层碧水走黄龙。"

◎ 独特的江源风貌

　　黄龙地区的总体特征是山雄峡峻，有着峡谷深、悬崖陡的特点。黄龙风景区的海拔为1700~5588米。一般情况下，峰谷相对高差在1000米以上，3700~4000米以上为冰蚀地貌，雄伟壮丽。黄龙风景区有许多喀斯特峡谷，空间多变，悬崖峭壁，水景丰

1. 七彩池雪景
2. 青山碧水
3. 生态广场水磨

富，植被茂盛。根据谷底形态，有丹云喀斯特溪峡、扎尕钙华森林峡和二道海钙华湖峡等数种。黄龙富江的源头为东西分水系统，上游河床宽而平，下游峡谷深曲；南侧支流平而直，北侧支流陡而弯。

从构造上看，黄龙风景区地处扬子准台地、松潘-甘孜褶皱系和秦岭地槽褶皱系3个大地构造单元的交界处。从地貌上看，它属于中国第二地貌阶梯坎前位，青藏高原东部边缘与四川盆地西部山区交接带。景区内，还有东西走向的雪山断裂带、虎牙断裂带、南北走向的岷山断裂带、扎尕山断裂带交叉切错。此外，黄龙风景区与牟尼沟风景区在岩性、层序、沉积等古地理条件、地层构造、构造形迹等方面也存在较大差异。

保护区内有国家一级保护动物大熊猫、川金丝猴、扭角羚、绿尾虹雉、玉带海雕等，二级保护动物有小熊猫、金猫、兔狲、猞猁、水鹿等；有国家保护植物连香树、水青树、四川红杉、铁杉、红豆杉；还有中国特有或区内特有的植物雪莲花、麦吊云杉、厚朴、密枝圆柏、松潘叉子柏。

盆景池

39

九寨沟

坐　　标：四川省阿坝藏族羌族自治州
批准时间：1992年12月
景　　观：翠海、叠瀑、彩林、雪峰、藏情、蓝冰

◎ "九寨沟六绝"

　　九寨沟，位于四川省阿坝藏族羌族自治州九寨沟县境内，地处青藏高原、川西高原、山地向四川盆地过渡地带，属世界高寒喀斯特地貌。翠海、叠瀑、彩林、雪峰、蓝冰和藏情被誉为"九寨沟六绝"，九寨沟被世人誉为"童话世界""人间仙境"，号称"水景之王"。九寨沟是以地质遗迹钙华湖泊、滩流、瀑布景观、岩溶水系统和森林生态系统为主要保护对象的国家地质公园，具有极高的科研价值。九寨沟国家级自然保护区主要保护对象是珍稀动物及其自然生态环境。保护区内高等植物中有74种国家保护的珍稀植物，其中国家一级保护植物有银杏、红豆杉和独叶草3种，二级保护植物有66种，主要集中在兰科（43种），被列入《中国植物红皮书》的植物有5种。保护区内有国家一、二级保护动物18种，其中，一级4种、二级14种，代表种有大熊猫、川金丝猴等。保护区内还有丰富的古生物化石，古冰川地貌十分发育。1992年12月，九寨沟经联合国教科文组织批准被列入《世界遗产名录》。

◎ 绮丽湖潭的传奇色彩

传说很久以前，千里岷山有个名叫沃诺色嫫的藏族姑娘，靠天神赐给的一对金铃引来神水浇灌这块土地。没多久，荒漠消失了，土地上长出了葱郁的树木，花草丰美，珍禽异兽无数，让这块已经枯萎的土地一下子充满了生机。

一天清晨，沃诺色嫫唱着山歌来到清澈的山泉边梳妆，遇上了一个正在泉边给马饮水的藏族小伙子戈达。戈达对沃诺色嫫怀有爱恋之心，沃诺色嫫也暗暗地爱着戈达。这时的不期而遇，让二人甚是欢喜，正当二人互诉爱慕时，恶魔突然从天而降，硬生生地将沃诺色嫫和戈达分开，并抢走了沃诺色嫫手中的金铃，还逼沃诺色嫫嫁给他。沃诺色嫫不愿嫁给恶魔，她趁戈达奋力与恶魔搏斗时逃进了一个山洞。戈达不是恶魔的对手，唤来村寨中的相邻亲友与恶魔展开了9天9夜的殊死搏斗，终于战胜了恶魔，救出了沃诺色嫫。金铃重新回到了沃诺色嫫手中。

二人心生欢喜，一路上边摇动着金铃，边唱着情歌。霎时间，空中彩云飘舞，地下碧泉翻涌，形成了108个海子，作为沃诺色嫫梳妆的宝镜。在戈达和沃诺色嫫结婚的宴席上，众山神还送来了各种绿树、鲜花、珍禽、异兽，从此这里就变成了一个美丽迷人的人间天堂。

◎ 九寨归来不看水

九寨沟是一条纵深50余千米的山沟谷地，因沟内有树正寨、荷叶寨、则查洼寨等9个藏族村寨而得名。置身九寨，惊艳于它的浓妆淡抹总相宜；离开九寨，赞同于九寨归来不看水的观点。

五彩池是九寨沟湖泊中最小巧、最艳丽的，是九寨沟湖泊的精髓。上半部呈碧蓝色，下半部则呈橙红色；左边呈天蓝色，右边则呈橄榄绿色。湖里不仅有水绵、轮藻、小蕨等水生植物群落，还生长着芦苇、节节草、水灯芯等草本植物。这些水生群落所含叶绿素深浅不同，在富含碳酸钙质的湖水里，呈现出不同的颜色。最惊奇的是，即使是寒冬，池水依然清波荡漾。而四季雨旱交替，池水也似无增减。五花海有"九寨沟一绝""九寨精华"之誉，在同一水域中，五花海可以呈现出鹅黄、墨绿、深蓝、藏青等色，斑驳迷离，色彩缤纷。藏语中诺日朗是男神的意思，象征高大雄伟。诺日朗瀑布，海拔2365米，瀑宽270米，高24.5米，是中国大型钙华瀑布之一，也是中国最宽的瀑布。

1
—
2

1. 九寨沟彩林
2. 昔日诺日朗瀑布

40

武陵源

坐　　标：湖南省张家界市

批准时间：1992年

景　　观：张家界国家森林公园、天子山景区、杨家
　　　　　界景区、索溪峪景区、南天一柱、琵琶
　　　　　溪、定海神针、天桥遗墩、雾海金龟

◎ 不得不看的武陵源

　　武陵源因水绕山转，素有"秀水八百"之称。瀑布、泉水、小溪、池塘和湖泊都很美。武陵源风景名胜区由张家界国家森林公园、索溪峪景区、天子山景区和

悬浮山仙境

1	1. 天门山山路
2 | 3	2. 天子山乡村住宅建筑景观
	3. 天子山猕猴

杨家界景区组成。金鞭溪有10多千米长，沿着溪可从张家界国家森林公园走到索溪
峪景区，沿途风景如画，被赞为"十里画廊"。武陵源被称为自然的迷宫、地质的
博物馆、森林的王国、植物的百花园、野生动物的乐园。武陵源中的鹞子寨与黄
石寨、袁家界形成"三足鼎立"之势，是景区中的必去之地。武陵源1992年被列入
《世界遗产名录》，2004年被列为国家首批世界地质公园。

武陵源石英砂岩峰林在国内外均属罕见，素有"奇峰三千"之称。景区北部大片石灰岩喀斯特地貌，经亿万年河流变迁降位侵蚀溶解，形成了无数的溶洞、落水洞、天窗、群泉。峰林造型若人、似神、如仙，转眼间又如禽、若兽、似物，这些突兀的岩壁峰石，连绵万顷。武陵源春、夏、秋、冬各不相同，阴、晴、朝、暮也变化万千。最常见的气象景观是云雾，形态多样，有云海、云波、云瀑和云彩等。雨后，由朦胧大雾化为白云，缥缈若仙境。群峰徜徉在无边无际的云海中，忽隐忽现。武陵源风景名胜区森林覆盖率极高，有野生动物400多种、木本植物850多种、一级保护动物有豹、云豹、黄腹角雉3种，二级保护动物有大鲵、猕猴、穿山甲等25种；国家一级保护植物有珙桐、伯乐树、南方红豆杉等5种，二级保护植物有白豆杉、杜仲、厚朴等16种。

黄石寨，位于张家界市武陵源区，俗话说"不上黄石寨，枉到张家界"。相传汉朝的开国元勋张良看破红尘，辞官隐居江湖。他在云游这里时，被官兵围困。后来得师父黄石公的帮助才得以脱险，因而把这里叫作黄石寨。从远处看此山像一头巨大的狮子，故又称黄狮寨。其位于张家界国家森林公园中部，为一巨大方山台地，堪称武陵源最美的观景台，主要景点有六奇阁、摘星台、雾海金龟、天书宝匣、天桥遗墩、猴帅点兵、南天门、黑枞垴。

鹞子寨，又叫山鹰之崖，位于张家界国家森林公园东北方向，与黄石寨、袁家界形成"三足鼎立"之势，有3条旅游步道可上鹞子寨（老磨湾至寨顶、金鞭溪至寨顶、骆驼峰至寨顶），主要有天桥、老鹰嘴、万笋争春、竭功庙旧址、梭镖岩等景点。因老鹰嘴形似鹞子之喙而得名，寨顶为一狭长岭脊，是一座屹立云天，西、北、东三面绝壁深达300余米的扁状观景台，以奇险著称。据说鹞子都难以从此飞过，所以取名叫鹞子寨。

袁家界，位于砂刀沟北麓，是以石英砂岩为主构成的一座山峰，是张家界国家森林公园一处风景集中地。自金鞭溪紫草潭左入砂刀沟可上袁家界，顺袁家界台地边缘，绕荒径小道亦可下至金鞭溪千里相会处，亦可从袁家界去天子山、杨家界。自砂刀沟上袁家界，沿绝壁顶部边缘遨游，至中坪"天下第一桥"。石桥宽仅3米，厚5米，跨度约50米，相对高度近400米。天下第一桥与夫妻岩并称"张家界双绝"。

◎ "归来向人说，疑是武陵源"

心情烦闷时最适宜游山玩水，王安石在罢相后便醉心于大自然的景色，游玩的同时，不忘留诗赞叹。"径暖草如积，山晴花更繁。纵横一川水，高下数家村。静憩鸡鸣午，荒寻犬吠昏。归来向人说，疑是武陵源。"他在诗中娓娓道来，似铺陈开来一卷宁静优美、自由闲适的农村生活图画，自己也陶醉其中。

　　武陵源山奇、水奇、云奇、树奇，且春有百花，夏有云，秋有红叶，冬有雪，非常值得一游。

三姐妹峰

三江并流

坐　　标：云南省西北山区的三江国家公园内

批准时间：2003年7月

景　　观：独龙江、高黎贡山、怒江、澜沧江、云
　　　　　岭、金沙江、红军渡江纪念碑、长江第
　　　　　一湾

◎ 三江并流不交汇

　　三江并流地处滇西北青藏高原以南横断山脉的纵向河谷地带，孕育了几千年的"江边文化"。三江并流指的是金沙江、澜沧江和怒江并流，涵盖范围包括位于云南省丽江市、迪庆藏族自治州、怒江傈僳族自治州的9个自然保护区和10个风景名胜区。神奇的是，三江并流却不交汇，并行奔腾于崇山峻岭中。该地区是16个民族的聚居地，是世界上罕见的多民族、多语言、多种宗教和风俗习惯共存的地方。2003年7月，联合国教科文组织将三江并流保护区作为世界自然遗产列入《世界遗产名录》。

　　金沙江由北东去，汇集雅砻江、大渡河、嘉陵江，于是中国便有了长江。澜沧江由北南下缓缓而流，穿越国界后便成了邻国湄公河的上游。怒江由北南下奔腾急湍闯进缅甸便成了萨尔温江的上游。金沙江经石鼓镇天造奇观——长江第一湾后，最终流入太平洋，而澜沧江、怒江穿流缅甸、越南、老挝、泰国最终流入印度洋。

金沙江秋景

香格里拉，藏语意为"心中的日月"，是云南省迪庆藏族自治州下辖市及首府所在地，位于云南省西北部、青藏高原横断山区腹地，是滇、川、藏三省区交界地，也是世界自然遗产三江并流景区所在地。香格里拉于20世纪30年代出现于英国作家詹姆斯·希尔顿的著名小说《消失的地平线》中而为世人所向往，不久便被拍成同名电影并荣获多项奥斯卡奖，更使其为世人熟知。香格里拉历史悠久，自然风光绚丽，拥有普达措国家公园、独克宗古城、噶丹松赞林寺、虎跳峡等景点。

◎ 世界生物基金库

由于三江并流地区未受第四纪冰期大陆冰川的覆盖，加之区域内山脉为南北走向，因此，这里成为欧亚大陆生物物种南来北往的主要通道和避难所，是欧亚大陆生物群落最富集的地区，是世界上温带生物多样性最丰富的区域，也是中国境内迄今为止面积最大的世界自然遗产地。三江并流地区是世界上蕴藏最丰富的地质地貌博物馆，被誉为"世界生物基因库"。

　　三江并流地区集中了北半球南亚热带、中亚热带、北亚热带、暖温带、温带、寒温带、寒带的多种气候和生物群落，是地球最直观的体温表和中国珍稀濒危动植物的避难所，有高等植物210余科1200余属6000种以上，仅占有中国0.4%的面积却容纳了中国20%种类的高等植物。春暖花开时，在这里可以观赏到200多种杜鹃、近百种龙胆、报春及绿绒蒿、马先蒿、杓兰、百合等野生花卉。因此，植物学界将三江并流地区称为"天然高山花园"。

　　这里的动物种类也不输植物，有哺乳动物173种、鸟类417种、爬行类59种、两栖类36种、淡水鱼76种、凤蝶类昆虫31种，这些动物总数均达到了中国总数的25%以上，这在中国乃至北半球和全世界都是唯一的。

42

四川大熊猫栖息地

坐　　标：四川省

批准时间：2006年7月

景　　观：青城山—都江堰风景名胜区、天台山风景名胜区、四姑娘山风景名胜区、西岭雪山风景名胜区、鸡冠山—九龙沟风景名胜区、夹金山风景名胜区、米亚罗风景名胜区、灵鹫山—大雪峰风景名胜区、二郎山风景名胜区、大风顶自然保护区

◎ 走进大熊猫栖息地

四川大熊猫栖息地由世界第一只大熊猫发现地宝兴县及中国四川省境内的卧龙自然保护区等7处自然保护区和"青城山—都江堰"等9处风景名胜区组成，总面积9245平方千米。全球30%的野生大熊猫生活在这里，这里是全球最大、最完整的大熊猫栖息地，是全球所有温带区域（除热带雨林以外）中植物最丰富的区域，被保护国际（CI）选定为全球25个生物多样性热点地区之一，被世界自然基金会（WWF）确定为全球200个生态区之一。四川大熊猫栖息地于2006年7月12日被列入《世界遗产名录》，也标志着青城山—都江堰、西岭雪山、鸡冠山—九龙沟和天台山4个风景名胜区同时被列为"四川大熊猫栖息地"世界自然遗产。

另外，这里还是小熊猫、川金丝猴、雪豹、云豹等濒危动物的栖息地。

◎ 中华大熊猫苑

中华大熊猫苑为香港特别行政区援助"5·12"地震重建项目，于2016年5月12日开园，由熊猫亚成体区、熊猫幼儿园和大熊猫走廊3个区域构成，总建筑面积19844.51平方米。

目前，大熊猫苑有74只大熊猫，是国内外最大的人工饲养大熊猫种群基地，约占全世界圈养大熊猫总数的50%。

1	1. 西岭雪山雪景
2	2. 四姑娘山隆珠措

43

中国南方喀斯特

坐　　标：云南石林、贵州荔波、重庆武隆、广西
　　　　　桂林、贵州施秉、重庆金佛山、广西
　　　　　环江

批准时间：第一期2007年6月，第二期2014年6月

景　　观：石林景区、黑松岩（乃古石林）景区、
　　　　　芝云洞、长湖、飞龙瀑（大叠水）景
　　　　　区、圭山国家森林公园、月湖、奇风
　　　　　洞等

◎ 中国南方喀斯特地貌概况

中国南方喀斯特是世界上最壮观的湿热带—亚热带喀斯特景观之一。它拥有最
重要的岩溶地貌类型，包括塔状岩溶、尖顶岩溶和锥形岩溶地层，以及其他壮观的
地貌类型，如天然桥梁、峡谷和大型洞穴系统。中国南方喀斯特一期由中国云南石
林喀斯特、贵州荔波喀斯特、重庆武隆喀斯特共同组成，于2007年6月27日在第31届
世界遗产大会上被评选为世界自然遗产，并入选《世界遗产名录》。

◎ 石林喀斯特的精华——昆明市石林风景区

石林喀斯特是在地壳运动、构造裂隙、生物作用和水土流失协同作用下，碳酸
盐岩被地表水和地下水溶蚀形成的多种石柱组合体，石柱表面溶蚀形态丰富，石柱
造型多样，组合复杂，石柱似人似物，形形色色，被赋予了丰富的文化和审美信
息。石林喀斯特发育演化过程经历了漫长的地质历史、复杂的古地理变化、玄武岩

的覆盖与烘烤、湖盆沉积物埋藏、地壳抬升等共同影响。

　　石林风景区地处滇东高原腹地，位于石林彝族自治县境内。石林以喀斯特景观为主，以"雄、奇、险、秀、幽、奥、旷"著称，具有世界上最奇特的喀斯特地貌（岩溶地貌）景观，在世界地学界享有盛誉。石林形成于2.7亿年前，经漫长地质演化和复杂的古地理环境变迁，才形成了现今极为珍贵的地质遗迹。它涵盖了地球上众多的喀斯特地貌类型，仿佛世界各地的石林都汇集于此，其石牙、峰丛、溶丘、溶洞、溶蚀湖、瀑布、地下河错落有致，是典型的高原喀斯特生态系统和最丰富的

1. 荔波七洞公园
2. 武隆芙蓉洞
3. 武隆喀斯特地质公园龙水峡

1	2
3	

立体全景图。全区可分为8个旅游片区：石林景区、黑松岩（乃古石林）景区、芝云洞、长湖、飞龙瀑（大叠水）景区、圭山国家森林公园等。石林的魅力不仅仅在自然景观，还在于独具特色的石林撒尼上著风情。最有影响的是"一诗""一影""一歌""一节"。彝文记录的古老的撒尼叙事长诗《阿诗玛》被译成20多种文字在国内外发行，并被改编成中国第一部彩色立体声电影《阿诗玛》，享誉海外。

◎ 重庆武隆喀斯特地貌

　　武隆县地处重庆市东南边缘、乌江下游，东邻彭水，南接贵州省道真县，西靠南川、涪陵，北与丰都相连，自古有"渝黔门屏"之称。武隆的景区包括天下第一洞芙蓉洞、亚洲最大的天生桥群、全世界罕见而稀有喀斯特系统形成的后坪天坑。芙蓉洞是一个大型石灰岩洞穴，全长2400米，洞体高大，宽高多在30~50米之间，其中辉煌大厅底面积在1.1万平方米以上。洞内各种次生化学沉积形态（即钟乳石类）琳琅满目、丰富多彩。天生桥是全国罕见的地质奇观生态型旅游区，属典型的喀斯特地貌。景区以天龙桥、青龙桥、黑龙桥3座气势磅礴的石拱桥称奇于世，属亚洲最大的天生桥群。

◎ 贵州荔波喀斯特地貌

　　荔波喀斯特最醒目的景观是锥状喀斯特，最典型的类型是峰丛喀斯特和峰林喀斯特。荔波县归属黔南布依族苗族自治州，与广西接壤。茂兰国家级喀斯特森林自然保护区就位于荔波县的东南部，它由东南部的喀斯特森林区、甲良镇洞庭五针松保证点及小七孔喀斯特森林科学游览区3部分组成。荔波喀斯特原始森林、水上森林和漏斗森林，合称"荔波三绝"。它们虽然生长在不同的空间，有的在山上，有的在水中，有的在"天坑"里，但都存活在贫瘠、脆弱的喀斯特环境中，都是石头上长出的森林。这也是人与自然和谐的奇迹。根据喀斯特地貌形态与森林类型的组合，可将荔波喀斯特原始森林景观进一步分为漏斗森林、洼地森林、盆地森林、槽谷森林四大类。"水在石上淌，树在石上长"，这是荔波县又一大奇观——水上森林，其树木树龄多在百岁以上，根系裸露水中，紧抱巨石，任水冲击仍郁郁葱葱。小七孔的水上森林，是不可多得的好去处。

44

三清山

坐　　标：江西省上饶市

批准时间：2008年7月

景　　观：南清园、三清宫、玉京峰、西海岸、东
海岸（阳光海岸）、万寿园、玉灵观、
西华台、石鼓岭、三洞口

奇峰怪石

◎ 问道三清山，览地质公园

三清山位于江西省上饶市玉山县与上饶德兴市交界处，为怀玉山脉主峰，因玉京、玉虚、玉华"三峰峻拔，如三清列坐其巅"而得其名。它兼具"泰山之雄伟、黄山之奇秀、华山之险峻、衡山之烟云、青城之清幽"。奇峰怪石、古树名花、流泉飞瀑、云海雾涛并称三清山自然四绝。

三清山经历了14亿年的地质运动，形成的地貌举世无双，保存了具有2亿多年演化更替历史的珍稀生物群落，是一个原生态的生物乐园；拥有类型齐全、

云海雾涛

特征典型、分布集中的花岗岩微地貌，花岗岩地貌与生态、气象巧妙融合，并以奇特的景观形式展示了杰出的自然美，是花岗岩地质地貌学的一座天然博物馆，也是世界花岗岩山岳峰林景观的典型代表。特别是其中按照中国道学"天人合一"思想创建的古建筑遗址景观，被誉为中国道教古建筑的露天博物馆。在申报世界遗产时，专家小组认为三清山和黄山在地域上相近，地质和生物上也具有相似性，建议三清山作为黄山的扩展项目进行申报。而后，三清山历数自身特色，以太平洋西岸最美的花岗岩体突出自己。最后，黄山获批自然与文化双重遗产，而三清山获批自然遗产。2008年7月8日，第32届世界遗产大会将三清山列入《世界遗产名录》，三清山成为中国第7个世界自然遗产。2012年9月21日，在葡萄牙阿洛卡举行的第11届世界地质公园大会上，江西省三清山被联合国教科文组织正式列入世界地质公园名录。

◎ 三清山之绝景

东方女神，高86米的花岗岩峰柱酷似一位秀发披肩的东方少女端坐于群峰之

三清山世界地质公园

间，故名"东方女神"。这是花岗岩体被两组近垂直的裂隙（节理）切割成峰柱，峰柱经近水平的裂隙（节理）分割为两节，再经重力崩塌和球状风化等作用形成的象形景观。

巨蟒出山，此花岗岩峰柱高达128米，直径7~10米不等，顶部粗，中部略细，犹如巨蟒破山而出，故名"巨蟒出山"。它是花岗岩体被两组不同方向的垂直裂隙（节理）切割，并遭受风化、流水侵蚀和重力崩塌等作用而形成的。同时，花岗岩体沿近水平裂隙（节理）产生多处崩解，见多条细小的岩脉，犹如蟒蛇围系着多条彩带。

观音赏曲，位于三清山之南梯云岭下。万里河汉间，群峰攒簇，其中一石峰如老僧端坐，左手抱琵琶，右手拨弦；又有一峰形如观音大士面僧而立，煞似凝神聆听琵琶仙乐。山风徐徐，流泉铿然，眺望此峰，耳边似有琴声。

栈道

45

中国丹霞

坐　　标：贵州省、福建省、湖南省、宁夏回族自
　　　　　治区、广东省、江西省、浙江省

批准时间：2010年8月

景　　观：广东丹霞山、浙江江郎山、江西龙虎
　　　　　山、福建泰宁、湖南崀山、贵州赤水、
　　　　　宁夏西吉火石寨

◎ 丹霞之国——中国

　　中国丹霞是一个世界自然遗产"系列提名"，由湖南崀山、宁夏西吉火石寨、
广东丹霞山、福建泰宁、江西龙虎山、贵州赤水、浙江江郎山等中国西南、西北地
区7个著名的丹霞地貌景区组成。中国是世界上最早发现丹霞地貌，也是世界上分布
最广的国家。2010年8月1日，中国丹霞被列入《世界遗产名录》。

　　江西龙虎山位于江西省鹰潭贵溪市境内，是中国道教的发祥地。传说东汉中
叶，正一道创始人张道陵曾在此炼丹，丹成而龙虎现，山因此而得名。其中天门山
最高，海拔1300米。龙虎山是中国典型的丹霞地貌风景，据道教典籍记载，张道陵
第四代孙张盛在三国或西晋时已赴龙虎山定居，此后张天师后裔世居龙虎山，至今
承袭63代，历经1900多年。

　　浙江江郎山在浙江省江山市城南25千米的石门镇，是国家级风景名胜区，山形
主体为3个高耸入云的巨石，传说是古时候3个姓江的兄弟登上山顶变为3个巨石而
形成的，所以又名江郎山。3个巨石拔地而起，高360余米，形似石笋天柱，形状像

1
—
2

1. 浙江江郎山丹霞地貌
2. 广东丹霞山阳元石

丹梯铁索

刀砍斧劈，自北向南呈"川"字形排列，依次为郎峰、亚峰、灵峰，人们称"三爿石"。郎峰峭壁上有明代理学家湛若水摩崖题刻"壁立万仞"4个字。

贵州赤水位于贵州省西北部，处于赤水河中下游，与四川南部接壤。赤水风景名胜区是国务院唯一以行政区名称命名的国家级风景名胜区，旅游资源非常独特和丰富，由自然生态资源和历史文化资源组合而成。以瀑布、竹海、桫椤、丹霞地貌、原始森林等自然景观为主要特色，兼有古代人文景观和红军长征遗迹，被誉为"千瀑之市""丹霞之冠""竹子之乡""桫椤王国""长征遗址"。

◎ 闻名遐迩的丹霞山

丹霞山，2004年被联合国教科文组织批准为全球地质公园，有着"中国红石公

翔龙湖

园"的美称。它地处三省交界的广东省韶关市境内,是广东省面积最大的风景区。丹霞山是由红色砂砾岩构成的,以赤壁丹崖为特色,因其外观似红霞而得名。"色如渥丹,灿若明霞"便是法云居士对丹霞山的盛赞。在丹霞山中,群峰挺拔如林、幽谷纵横深邃、古木浓郁如翠、泉水清澈凛冽,正是这种汇聚如画的自然景观,吸引着无数人,使丹霞山闻名天下。海螺峰、宝珠峰和长老峰是丹霞山的3个主峰,这里的丹霞地貌也最为典型。

据地质学家研究表明,在世界已发现的1200多处丹霞地貌中,丹霞山是发育最典型、类型最齐全、造型最丰富的丹霞地貌集中分布区,所以"丹霞地貌"以此命名。在地质研究和自然环境、生态演化等方面的研究中,丹霞山最为详细和深入,已经成为全国乃至世界丹霞地貌的研究基地以及科普教育和教学实习基地。

澄江化石地

坐　　标：云南省玉溪市
批准时间：2012 年 7 月
景　　观：澄江化石地自然博物馆

◎ 一脚踢出的化石

　　澄江化石遗址位于云南省的山地丘陵地区，占地512公顷，距今5.3亿年。1984年，中国科学院原南京地质古生物研究所的研究员侯先光在澄江县帽天山意外发现了3块无脊椎动物化石，这一发现轰动了世界。这3块化石的发现也颇具戏剧性，据说本来侯先光已经在这里寻找了一星期，并没有任何进展。一天下午，侯先光不经意用鞋跟剐落了一片松动的岩层，一块保存完整的化石露了出来，这就是第一块澄江化石了，继而又发现了第二块、第三块化石。据判断，这3块化石分别是纳罗虫、腮虾虫和尖峰虫化石，属寒武纪早期独一无二的化石群。

　　1984年至今，专家学者从未放弃过研究，在澄江已经发现了远古时代的17个生物类别100多个属种，包括植物界的藻类，无脊椎动物中的海绵动物类、腔肠动物类、栉水母类、叶足类、纤毛环虫类、水母状生物、节肢动物、云南虫等。2012年，在俄罗斯圣彼得堡召开的第36届世界遗产委员会会议宣布，将中国澄江化石地列入《世界遗产名录》。澄江化石地申遗成功使中国拥有首个化石类世界遗产，填

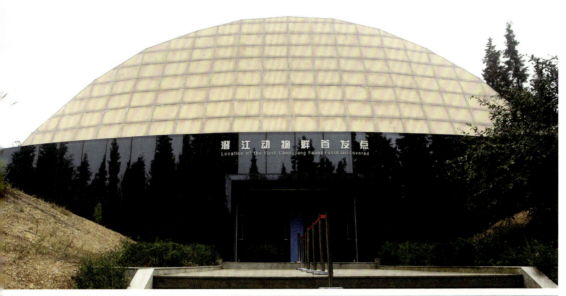

$$\frac{1}{2 \mid 3}$$

1. 澄江动物群首发点
2. 恐龙椎骨化石
3. 远古三叶虫生活环境

补了中国化石类自然遗产的空白。

◎ 澄江化石的价值

　　对于大多数人来说，云南澄江是个陌生的名字。但对于相关领域的研究者来说，这是一个宝地。澄江化石被誉为"20世纪最惊人的古生物发现之一"。澄江化石地记录了寒武纪早期生物群的全貌，成为迄今地球上发现的分布最集中、保存最完整、种类最丰富的寒武纪"生命大爆发"的例证，展现了门类广泛的无脊椎与脊椎生命体的硬组织及软组织解剖构造。澄江化石地共涵盖16个门类200余个物种（截至2012年），这在世界同类化石地中极为罕见。澄江动物化石群的发现轰动了国际科学界，是"揭示寒武纪'生命大爆发'奥秘的金钥匙"，为研究地球早期生命演

抚仙湖夏日晨景

化的动物化石宝库。澄江化石成为动物界多个门类多样性起源的直接证据，解答了生命演化中的一些基本问题。它为古生物学的学术研究打开了一扇重要的窗口。

澄江生物群的发现，使人们如实地看到地球海洋中最古老的动物原貌，使人们认识到，自寒武纪"生命大爆发"时，地球海洋里就生活着纷繁众多、生态各异的动物，绝大多数地层中保存的硬骨骼化石误导了人们对早期生命的认识，例如叶足动物门有爪动物，只生活在南半球少数陆地地区。澄江生物群表明，有爪动物在寒武纪"生命大爆发"的时候不但存在，其形态还出乎意料地比现代有爪动物更加丰富多彩。

帽天山入口处远古化石形象雕塑

47

新疆天山

坐　　标：新疆维吾尔自治区

批准时间：2013 年 6 月

景　　观：天池石门、五十盘天、西小天池瀑布、
　　　　　夜观天灯、铁瓦寺、东岳庙址、马牙石
　　　　　林、西王母庙、居仙故洞、峡谷森林、
　　　　　登山大营、冰川雪海

◎ 独一无二的存在

　　新疆天山指天山山脉分布在中国境内的部分，又称中国天山或东天山，古名白山，又名雪山，因冬夏有雪而得名。新疆天山，即天山山脉的东段，也是天山山脉的主体部分（西段位于哈萨克斯坦、吉尔吉斯斯坦和乌兹别克斯坦等国）。天山是世界七大山系之一，是全球温带干旱区最大的山系，也是全球最大的东西走向的独立山脉。天山东西绵延2500千米，南北跨域250~350千米，为世界上最大的独立纬向山系，横跨4个国家，形成了世界罕见的美学多样性、地学多样性和生物生态多样性。世界上像天山这样的地方屈指可数，能把寒冷与炎热、干旱与潮湿、荒凉与秀美、壮观与细腻都集中起来的，仅有天山。 2013年6月21日在柬埔寨首都金边召开的第37届世界遗产大会上，将中国"新疆天山"列入《世界遗产名录》。

　　新疆天山是一系列世界遗产地的总称，由昌吉回族自治州的博格达、巴音郭楞蒙古自治州的巴音布鲁克、阿克苏地区的托木尔、伊犁哈萨克自治州的喀拉峻—库尔德宁等4个区域构成。其中托木尔是天山南坡的垂直自然景观带的典型代表，是天

天池

山最高峰，山体落差6000米，孕育了7个垂直自然景观带。托木尔区域的另一项遗产价值是它代表了天山红层峡谷的景观美。从高空看红层峡谷就是一层层的红色褶皱，上千米深的大型岩丘讲述了地球的历史。巴音布鲁克在中天山，是中国最大的天鹅繁殖地，也是全球野生天鹅繁殖的最南缘。喀拉峻—库尔德宁在中天山的伊犁谷地里，这个区域是森林和草原的代表。

◎ 三箭定天山

　　唐代，中国北方的少数民族突厥十分强大。唐高宗在位时，突厥部落酋长比粟毒诱惑同罗、仆固等九姓部落率领10万大军侵犯唐朝边境地区。唐高宗派薛仁贵领兵北上迎击。两军对阵，从人数上看，薛仁贵明显不占优势。这也让对方轻了敌。

　　薛仁贵单骑而出，弯弓搭箭，直中敌将咽喉。突厥骑将慌了神，还没来得及勒住马，薛仁贵又射出第二支箭，直中冲在第二位的突厥将领的心窝。第三箭则射中了敌将的头颅。而后，余下的突厥骑将纷纷下马投降。这一战后，九姓突厥便开始衰落，不敢再侵扰大唐的边境了。而"三箭定天山"的典故就流传了下来。

48

湖北神农架

坐　　标：湖北省

批准时间：2016年7月

景　　观：神农顶、天燕原始生态旅游区、燕子
　　　　　垭、板壁岩、燕子洞、风景垭、神农架
　　　　　旅游滑雪场、武山湖、天门垭、香溪
　　　　　源、神农坛、六道峡、金猴岭、小当
　　　　　阳、老君山、杉树坪、古犀牛洞、大九
　　　　　湖、龙门河国家森林公园、瞭望塔、松
　　　　　香坪、古梭罗树、神农架自然博物馆、
　　　　　天生桥、官门山、神龙洞

◎ 中国唯一以林区命名的行政区

神农架林区建立于1970年，位于湖北省西北部，地处湖北省、重庆市交界的长江、汉水之间，在武当山、神农架、长江三峡组成的旅游带上，是中国唯一以林区命名的行政区，被称为"华中屋脊"，最高峰神农顶海拔3105.4米。保护区地貌类型复杂，主要有山地地貌、流水地貌、喀斯特（岩溶）地貌和第四纪冰蚀地貌。

神农架分为西部的神农顶、巴东片区和东部的老君山片区，独特的地理位置和气候特征孕育了丰富的动植物资源。这里保存有全球北纬30度地带最完整的北亚热带森林植被，被称为北半球同纬度的"绿色奇迹"。其自然资源和生态系统的完整性、原真性、不可再生性和不可复制性在世界上是罕见的。神农架国家级自然保护区有34种国家重点保护植物，42种神农架地区特有植物，1800多种药用植物，如草本中药材独活、当归、党参、天麻、黄连、川芎、冬花、玄参，木本药材杜仲、厚朴、银杏、黄檗、辛夷花等。神农架国家级自然保护区还有国家重点保护野生动物79种，其中一级保护动物5种，如金丝猴、华南虎、金钱豹、白鹳、金雕；二级保护

神农顶

动物74种，如金猫、林麝、黄喉貂、秃鹫、大灵猫、红腹锦鸡、大鲵等。神农架是中国首个获得联合国教科文组织人与生物圈自然保护区、世界地质公园、世界遗产三大保护制度共同录入的"三冠王"名录遗产地。2016年7月17日，在第40届世界遗产大会上，神农架被列入《世界遗产名录》，成为中国第11处世界自然遗产。

◎ 神农尝百草的传说

神农架融殷商文化、秦汉文化、巴蜀文化、荆楚文化于一体，地域民俗文化资源蕴藏丰富，门类繁多。珍贵的汉民族神话史诗《黑暗传》，优美抒情的民间歌谣，绚丽多彩的传说故事，构成了神农架民间文学的宝库，也是20世纪以前的古老文化封存在神农架的有力见证。

传说远古时期，炎帝神农氏为遍尝百草率众寻到了一座高山上，但见这个地方山势陡峭，森林遍野，认定必有奇药秘藏，不禁喜出望外。他先教民"架木为屋，以避凶险"；继教民"架木为梯，以助攀缘"；采得了良药400种，著就了《神农本草经》，为向天帝复命，才"架木为坛，跨鹤飞天"而去。后人缅怀始祖恩德，便将这座高山称作神农架。

49

青海可可西里

坐　　标：青海省玉树藏族自治州

批准时间：2017年7月

景　　观：察尔汗盐湖、水上雅丹、昆仑山口、沱
沱河、东台吉乃尔湖、格尔木胡杨林、
唐古拉山、玉珠峰、卓乃湖

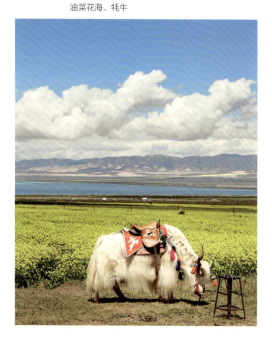

油菜花海、牦牛

◎ 不可替代的人间净土

可可西里位于青海省玉树藏族自治州治多县可可西里地区及索加乡和曲麻莱县曲麻河乡，涉及可可西里国家级自然保护区和三江源国家级自然保护区索加—曲麻河分区。它分布着青藏高原最完整的高原夷平面和处于不同演替阶段、不同盐分、不同形状的中国最密集的湖泊群，是长江源北部的重要集水区，湖泊众多，又被称为"千湖之地"。可可西里也是中国建成的面积最大、海拔最高、野生动物资源最为丰富的自然保护区之一。

这里常年雪山、冰川林立，沼泽、湖

茶卡盐湖景区小火车

泊纵横、草甸、湿地交错，是藏羚羊、野牦牛、藏野驴、藏原羚等230多种野生动物的野生游乐园，其中20种是国家级保护动物。在这里，藏羚羊可以不受任何干扰地迁徙。这是一片不可多得、需要被严格保护的人间净土。2017年7月7日，可可西里获准列入《世界遗产名录》，成为中国第51处世界遗产。

◎ 可可西里野生动物保护第一人

可可西里国家级自然保护区位于青藏高原，海拔4600米以上，是我国最大的无人区，长久以来一直是野生动物的天堂。随着人们越来越重视生态环境的改善，生态保护的力度持续加大，野生动物的保护日见成效。可可西里藏羚羊种群数量逐步恢复，目前已达到6万多只。

每年6月的可可西里，草地泛着光，藏羚羊都到卓乃湖产崽了，这里是藏羚羊最大的"产房"。为了更好地保护这些藏羚羊，为了不让它们集结成群时被捕杀，杰桑·索南达杰先后12次率领工作组进入可可西里无人区，成为可可西里野生动物保护第一人。他组织成立了"可可西里野生动物保护"办公室和"可可西里高山草地保护"办公室，在他的倡议下，成立了西部林业公安分局和可可西里国家级自然保护区，共计抓获8个非法持枪盗猎集团。

50

梵净山

坐　　标：贵州省铜仁市

批准时间：2018年7月

景　　观：金顶、蘑菇石、太子石、释迦殿、凤凰山、九龙池、棉絮岭、赐敕碑、红云金顶、黔山第一石、万米睡佛、观音瀑布、老鹰岩

◎ 梵净山的佛教故事

　　梵净山位于贵州省铜仁市，系国家级自然保护区、联合国"人与生物圈"保护网成员、世界自然遗产、国家5A级旅游景区，总面积567平方千米，与山西五台山、四川峨眉山、安徽九华山、浙江普陀山齐名。2018年7月2日，中国贵州省梵净山在巴林麦纳麦举行的世界遗产大会上获准列入《世界遗产名录》。

　　梵净山自古就被佛教辟为"弥勒道场"，以红云金顶日月升天为中心，以四大皇寺48座觉庵群星满地做接引。红云金顶是佛山之核心，是南宋白莲社在"人间净土"建设上的点睛之笔，是名山佛教发展史上的一个奇迹，是红云之上盛开的一朵"奇葩"。

　　梵净山佛教开创于唐，鼎兴在明。相传，玄奘西天取经返回时，所乘白马穿云破雾，前蹄缘融梵净山，从马上撒下一沓经书，佛经落地后，构成了如今的"万卷书"。据说若有人读得通这"万卷书"，便可直升兜率天，亲听弥勒说法。

　　相传在释迦牟尼涅槃之际，大地震动、天鼓自鸣，四大海水波浪翻倒，须弥山

自然倾摇，狂风大作，林木摧折，萧索枯悴，骇异于常。此时与须弥山神灵相通的梵净山山峰之巅的金顶，直入虚空，泪如雨下，地动山摇，一声巨响后，庞大的金顶刹那间一分为二，峡沟之中爆出一束金光冲入云霄，光灿天地。这也是梵净山在释迦佛涅槃后能成为弥勒道场的缘由。

佛光是梵净山最奇特的天象奇观之一，在旭日东升或夕阳西下时，人们经常可以看到七色光彩组成的巨大光环，其光绚丽至极！据权威部门统计，梵净山是中国所有名山中佛光出现频率最高的地方。

◎ 贵州第一山

梵净山山形复杂，环境多变，由此形成了全球为数不多的生物多样性基地。根据科考资料，区内现有植物种类2000余种，被列入国家保护的植物有31种，其中一级保护植物6种，二级保护植物25种，有珙桐林、铁杉林、水青冈林、黄杨林等44个不同的森林类型。

初冬雾凇

　　原始森林里栖息着多种濒临灭绝的国家保护动物，如黔金丝猴、藏酋猴、云豹、苏门羚、黑熊等。其中黔金丝猴被誉为"地球的独生子"，仅存800余只，是国家重点保护的珍稀动物。

　　古人云："天下名山僧占多。"大自然造就了梵净山的奇异风光，而佛教徒扬名了梵净山的灵山秀水。梵净山的一年四季，足可以让来此之人养心洗肺涤荡灵魂。春赏百花，夏闻泉流，秋观层林，冬品银装素裹。

　　梵净山上有很多奇形怪石，有的像神仙遗落在人间的两只大脚，有的像叠罗汉，有的像叠在一起的木头。山上有云雾，云雾之上有阳光，阳光下就是"梵天净土"。

绮丽的自然风光

金顶风光

51

中国黄（渤）海候鸟栖息地（第一期）

坐　　标：江苏省盐城市

批准时间：2019年7月

景　　观：江苏大丰麋鹿国家级自然保护区、江苏盐城湿地珍禽国家级自然保护区、江苏盐城条子泥市级湿地公园、江苏东台高泥淤泥质海滩湿地保护区、江苏东台条子泥湿地保护区

◎ 中国首个湿地遗产

　　中国黄（渤）海候鸟栖息地（第一期）位于江苏省盐城市，面积为1886.43平方千米，缓冲区面积为800.56平方千米，总面积为2686.99平方千米，这片区域大部分遗产地为海域，是我国第一块、全球第二块潮间带湿地世界遗产，填补了我国滨海湿地类型世界自然遗产的空白。可以说，本次申遗成功是中国的世界自然遗产从陆地走向海洋的开始。这里拥有世界上最多样、最富饶的湿地生物栖息地和生态系统，包括规模宏大的沙丘、潟湖、岩石海岸和有濒危鸟类集中繁殖的岛礁。黄（渤）海区域拥有世界上面积最大的连片泥沙滩涂，是亚洲最大、最重要的潮间带湿地所在地。盐城拥有太平洋西岸和亚洲大陆边缘面积最大、生态保护最好的海岸型湿地，包含陆地生态系统、淡水生态系统和海岸带及海洋生态系统动植物群落演替，是具有普遍突出价值的生物学、生态学过程典型代表。2019年7月5日，中国黄（渤）海候鸟栖息地（第一期）获批入选《世界遗产名录》。

　　因特殊的地理位置，这片栖息地汇集了黄河、长江、鸭绿江、辽河、滦河、海

河等大小河流的巨量泥沙和营养物质，有着肥沃的海岸。在芦苇湿地，獐茅、藨草湿地，碱蓬湿地至光滩在数十千米的尺度上，形成了规模宏大的水平植被带景观。

图景"活"起来才美，随着四季变换，有不同动物往来于此。春季，青草萌发，麋鹿茸发，群鸟返回北方；夏季，草木扶疏，鹿王争锋，鸥鹭群聚繁衍；秋季，雁鹤归来，鹿群麇集，兼葭萋萋；冬季，时时飘雪，在看似寂寥空阔的原野中，有獐、麋、鹿、鹤悠闲地散步。即便是在没有植物生长的光滩上，每一寸土地也都充满生命。在气候温暖的时节，在这样的泥滩上，人们只要有机会俯身屏息观察片刻，就能看见大大小小的相手蟹和弹涂鱼，它们为生计而忙碌的身影，一直延伸至地平线尽头的浪涌之处。

◎ 百万迁徙候鸟的驿站

中国黄（渤）海候鸟栖息地（第一期）沉积物堆积、大陆架沉降这两项动态地质过程仍在持续，使之成为世界上最为多样、富饶的海岸之一，也是濒危物种最多、受威胁程度最高的东亚—澳大利西亚候鸟迁徙路线上的关键枢纽。

同时，栖息地还是全球数百万迁徙候鸟的首选驿站，这些迁徙候鸟包括全球仅存数百只的勺嘴鹬，全球野生迁徙种群仅存1000余只的丹顶鹤，全球仅存3000余只的白鹤，以及全球几乎所有的小青脚鹬、大滨鹬和大杓鹬。该区域还为23种具有国际重要性的鸟类提供了栖息地，支撑了世界自然保护联盟濒危物种红色名录上17种鸟类的生存，其中包括1种极危物种（勺嘴鹬）、5种濒危物种（黑脸琵鹭、东方白鹳、丹顶鹤、小青脚鹬、大滨鹬）、5种易危物种（黄嘴白鹭、卷羽鹈鹕、鸿雁、遗鸥、黑嘴鸥）和一些近危物种（红腹滨鹬、半蹼鹬、黑尾塍鹬、白腰杓鹬、斑尾塍

红海滩

鹬、震旦鸦雀、弯嘴滨鹬、铁嘴沙鸻、蒙古沙鸻、翻石鹬）。

2018年4月以来，为了保证申遗的成功，盐城丹顶鹤、麋鹿两个国家级自然保护区已有7万多亩湿地得到恢复。在珍禽自然保护区核心区内，除采取设置物理隔离栏、开挖物理隔离河道等保护措施外，视频监控24小时"站岗"，5架无人机海上"守护"，诸多现代科技手段的运用让茫茫滩涂变成一级管控区。环境整治是保护区采取的最大动作，为保证生态环境彻底恢复，拆除了分布在缓冲区、实验区的10多家饲料加工厂等企业。

第三章

文化与自然双重遗产

云海之巅的楼台亭阁，与山比高的宏伟建筑，共同谱写着人类文明与自然的和谐统一。

泰山

坐　　标：山东省泰安市

批准时间：1987年12月

景　　观：玉皇顶、南天门、阴阳界、桃花峪、傲徕峰、扇子崖、岱庙、泰山四大奇观（泰山日出、云海玉盘、晚霞夕照、黄河金带）

◎ 泰山来历知多少

　　泰山，又名岱山、岱宗、岱岳、东岳、泰岳，为中国著名的五岳之一，位于山东省中部，绵亘于泰安、济南、淄博三市之间。泰山主峰玉皇顶海拔1532.7米，气势雄伟磅礴，有"五岳之首""天下第一山"之称。"山以岳尊，岳为东最"，自汉代以来，泰山就居于"五岳独尊"的地位。

　　泰山被古人视为"直通帝座"的天堂，成为百姓崇拜、帝王告祭的神山，有"泰山安，四海皆安"的说法。古代历朝历代都不断有帝王在泰山封禅或祭祀。泰山宏大的山体上留下了20余处古建筑群、2200余处碑碣石刻。道教、佛教视泰山为"仙山佛国"，在泰山建造了大量宫观寺庙。文人墨客也常在这里吟咏赞叹。泰山以"擎天捧日"之姿、"拔地通天"之势，形成了"东天一柱"，1987年被列入《世界遗产名录》，是中国第一个世界文化与自然双重遗产。

1. 陡峭的十八盘、南天门

2. 五岳之尊碑刻

3. 雄峙天东碑刻

◎一定要看的景色

　　泰山风景名胜区包括幽区、旷区、奥区、妙区、秀区、丽区六大风景区。泰山还有四大奇观：泰山日出、云海玉盘、晚霞夕照、黄河金带。

　　在泰山长寿桥南面的石坪上，东百丈崖的顶端，有一横跨两岸垂直河谷的浅白色岩带，好像一条白色纹带绣于峭壁边缘，因长年流水的冲刷，表面光滑如镜，色调鲜明，十分醒目。越过它稍有不慎，就会失足跌落崖下，故名"阴阳界"。

玉皇顶晚霞

　　桃花峪，位于岱顶西北，有索道缆车直通岱顶。在索道站周围出露的岩石，主要是傲徕山中粒片麻状二长花岗岩。其东侧有北西向龙角山断裂通过，断裂两旁发育有与其基本平行的伴生断裂。其中一条伴生断裂切过一个山头，生成约5米宽的节理密集带，节理面近于直立，把二长花岗岩切割成许多薄板状岩块，在重力作用下岩块沿直立节理面不断坍塌，最后形成两峰对峙的一条几米宽的大裂缝，这就是有名的桃花峪一线天。

　　扇子崖之西是傲徕峰，因巍峨突起，有与泰山主峰争雄之势，古有民谚："傲徕高，傲徕高，近看与岱齐，远看在山腰。"傲徕峰与扇子崖接合处为山口，在山口之后是青桐涧，其深莫测，涧北为壶瓶崖，危崖千仞。站在山口，东看扇子崖，如半壁残垣，摇摇欲坠，让人心惊目眩；西望傲徕峰，似与天庭相接；北眺壶瓶崖，绝壁入云。扇子崖和傲徕峰一带出露的岩石，均为傲徕山中粒片麻状二长花岗岩。

1
—
2

1. 泰山云海日出

2. 泰山夏日晨景

53

黄山

坐　　标：安徽省黄山市

批准时间：1990年12月

景　　观：迎客松、莲花峰、光明顶、天都峰、飞来
　　　　　石、西海大峡谷、黄山温泉

◎ 黄山因何得名

　　黄山位于安徽省南部黄山市境
内，有72峰，莲花峰与光明顶、天
都峰并称三大黄山主峰，为36大
峰之一。黄山代表景观有"五绝三
瀑"，五绝为奇松、怪石、云海、
温泉、冬雪；三瀑为人字瀑、百丈
泉、九龙瀑。黄山，古代称为"天
子都"，据称是天帝和神仙的居
所。黄山之所以叫"黄山"，据说
是因为黄帝曾在此炼丹。黄山72峰
中就有以3位仙人命名的轩辕峰、浮
丘峰、容成峰。桃花溪中还有他们

1
—
2

1. 迎客松
2. 飞来石

日出云海

用过的丹井、药臼。黄山2004年入选首批世界地质公园，成为同时获得世界文化与
自然双重遗产以及世界地质公园3项荣誉的旅游胜地。

　　明朝旅行家徐霞客登临黄山曾赞叹："薄海内外之名山，无如徽之黄山。登黄
山，天下无山，观止矣！"被后人引申为"五岳归来不看山，黄山归来不看岳"。
首次在黄山发现或是以黄山命名的植物有28种，尤以名茶"黄山毛峰"、名药"黄
山灵芝"最为知名。黄山的野生植物中属国家一类保护的有水杉，二类保护的有银
杏等4种，三类保护的有8种，有石斛等10个物种属濒临灭绝的物种，6种为中国特有
种。黄山还有红嘴相思鸟、棕噪鹛、白鹇、短尾猴、梅花鹿、黑麂、苏门羚、云豹
等珍禽异兽。

◎ 漫游黄山仙境

　　云海堪称黄山第一奇观，按方位分布，有东海、南海（前海）、西海、北海
（后海）、天海5个海域。云海把黄山装点得宛若仙境。贡阳山麓的"五老荡船"在

云海中显得尤为逼真；西海的"仙人踩高跷"，在飞云弥漫舒展时，现出移步踏云的奇姿；光明顶西南面的茫茫云海中，似有一只巨龟向着陡峭的峰峦游动，定睛细看，原来那惟妙惟肖的"龟"是在云海中露出的山尖。黄山的奇峰、怪石在飘忽不定的云雾烘托下，似真似幻，怪石愈怪，奇峰更奇。

◎ 揭开"佛光"之谜

黄山似一幅泼墨山水画，幸运者还能在这幅画之中看见罕见的五彩佛光，使黄山多了几分神秘。佛光颜色似彩虹，又不是彩虹，呈现出光圈形状，中间还包围着虚幻的影子，易形成于雨后初晴的早上和阴雨过后放晴的傍晚，若恰好站在孤立的最高点，那么看到这种景象的机会相当大。

这种现象其实不是黄山独有的，很多水汽较为丰富并且海拔达到一定高度的山上都会出现这种景象，比如峨眉山。

54

峨眉山—乐山大佛

坐　　标：四川省乐山市

批准时间：1996年12月

景　　观：七里坪、万佛顶、报国寺、伏虎寺、沙湾、乐山大佛、乌尤寺、佛光湖、碧山湖

◎ 感受峨眉山文化

以秀闻名天下的峨眉山，是中国四大佛教名山之一。据传峨眉山是普贤菩萨的道场，宗教文化特别是佛教文化构成了峨眉山历史文化的主体。山上佛教气息浓郁，如建筑、绘画、礼仪等都与佛教文化有着千丝万缕的关系。山上有报国寺、伏虎寺等古迹，还有罕见的峨眉佛光。峨眉山为蚀余山，主要由大峨山、二峨山、三峨山、四峨山4座山峰组成。山的中下部分布着花岗岩、变质岩及石灰岩，顶部覆盖有玄武岩。乐山大佛和凌云山、乌尤山、巨形卧佛等景点组成的乐山大佛景区属于国家5A级旅游景区。1996年12月，峨眉山—乐山大佛被联合国教科文组织列入《世界遗产名录》。

大峨山是峨眉山的主峰，海拔3099米，山脉峰峦起伏，重岩叠翠，山麓至峰顶50余千米，石径盘旋，直上云霄。在金顶有大面积抗风化强的玄武岩覆盖，构成了倾角在10～15度的平坦山顶面。而在金顶的东侧为古生代碳酸盐岩，由于流水沿背斜裂隙强烈的溶蚀作用，形成了高达800米的陡崖（舍身崖）和深涧。二峨山又名绥

宝塔云海

雄伟的弥勒佛

山，呈东北—西南走向，由花岗岩、白云岩等构成。主峰形似覆釜，海拔1909米。林木多柳杉、杂木、竹类，建有林场。特产有茶叶、竹笋、桐油、生漆等，并产中药材。西麓猪肝洞，为道教名胜。南有紫芝洞，相传是唐吕纯阳修炼处。三峨山又名西皇山，开始形成于新第三纪末，位于乐山沙湾镇西南，长13千米，宽7000米，主峰海拔2027.1米，高出沙湾镇江面1625米。有铜、铝等矿产，出露地层有震旦系、寒武系、奥陶系和二叠系，山顶覆盖玄武岩。东坡陡。四峨山在大峨山之北10千米，峨眉山市区北5000米，海拔982米。因山形棱瓣如花，故又名花山，或谓即《水经注》之武阳龙尾山。山有圆通寺，山巅有最早修建的古刹观音庵，为明代高僧印宗禅师谈禅结茅之处。

　　峨眉山拥有高等植物242科3200种以上。仅产于峨眉山或首次在峨眉山发现并以"峨眉"定名的植物就达100余种，如峨眉拟单性木兰、峨眉山莓草、峨眉胡椒、峨眉柳、峨眉矮桦、峨眉细圆藤、峨眉鼠刺、峨眉葛藤、峨眉肋毛蕨、峨眉鱼鳞蕨等。峨眉山的动物有2300多种，其中珍稀特产和以峨眉山为模式产地的有157种：国家列级保护的有29种。兽类中的小熊猫，又名"红色熊猫"，已被列入《濒危野生动植物种国际贸易公约》附录H物种。鸟类中蜂鹰、凤头鹰、松雀鹰、白鹇、斑背燕尾等9种，均为20世纪60年代中国四川省动物种质的新记录。

◎ 开凿大佛，以解水患

　　乐山大佛位于大渡河、青衣江、岷江的交汇处，是中国最大的一尊摩崖石刻造像，也是世界最大的石佛像。大佛高71米，开凿于唐开元元年（713年）。
　　传说在唐代，三江交汇之处水势凶猛，尤以夏季为甚，经常有船毁人亡的悲剧发生。海通禅师为了缓解水势，带领众人在此开凿大佛，欲仰仗无边法力，"易暴浪为安流"，减杀水势，永镇风涛。大佛倾注了三代工匠的心血，历时90年才完成。令人称奇的是大佛的排水系统修建得极为巧妙，它的存在避免了1000多年来佛像被雨水侵蚀所造成的危害。

崖边雕塑

◎ 山茶文化

　　在峨眉山有文字记载以来4000多年的文明发展史中，峨眉山茶史及其茶文化占有相当重要的位置。据史料记载，茶道中的峨眉派始于唐会昌五年（845年），由峨眉山昌福禅师（今眉山人）创立，创编茶道律谱《峨眉茶道宗法清律》一书。唐中和元年（881年）交由万年寺隆元法师主持茶道律规。后人大多都知道峨眉山历代高僧几乎都会种茶制茶，如著名的中国名茶"竹叶青""峨眉雪芽"等就是峨眉山历代高僧自种自制的极品绿茶。

55

武夷山

坐　　标：福建省与江西省的交界处

批准时间：1999年12月，福建省武夷山市；2017
　　　　　年7月9日，江西省铅山县

景　　观：古汉城遗址、道教洞天、武夷宫、天游
　　　　　峰、九曲溪、大红袍景区、水帘洞

◎ 跨越千年的文化自信

　　武夷山地处福建省与江西省的交界处，属于典型的丹霞地貌，也是著名的避暑胜地。武夷山风光秀丽，孕育了令人心驰神往的奇特的自然景观，包括天游峰、九曲溪、仙浴潭、虎啸岩、大王峰、水帘洞和一线天等。明代的旅行家徐霞客曾在这里流连忘返，他游览九曲溪时，留下了"翻恨舟行之速"的感叹。散文家刘白羽称赞武夷山"鬼斧神工亦壮哉，天公造化费疑猜"。1999年12月，福建省西北部的武夷山成为世界文化与自然双重遗产之一。 2017年7月9日，江西省铅山县武夷山被列为世界文化与自然双重遗产。

　　除自然风光外，武夷山还是三教名山，既是羽流禅家的栖息之所，也是道家讲学之地。山间宫观、庵堂故址较多，历史上有许多名人雅士、王侯将相都来此游览或隐居。闽族文化、架壑船棺、汉城遗址、摩崖石刻、武夷精舍、佛道文化等，都是中华文化的结晶，是人类文明的瑰宝。

　　武夷山保存了世界同纬度带最完整、最典型、面积最大的中亚热带原生性森林

1
—
2

1. 九曲溪、天游峰

2. 武夷宫涵洞曲桥

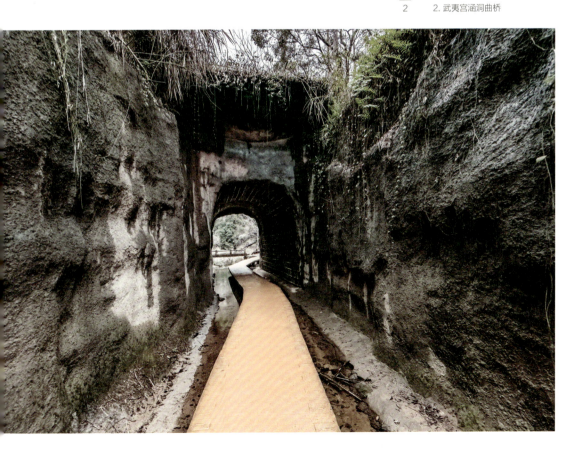

生态系统，发育有明显的植被垂直带谱——随海拔递增，依次分布着常绿阔叶林带、针叶阔叶过渡带、温性针叶林带、中山苔藓矮曲林带、中山草甸5个植被带，分布着南方铁杉、小叶黄杨、武夷玉山竹等珍稀植物群落，囊括了中国亚热带绝大多数的亚热带原生性常绿阔叶林和岩生性植被群落。截至2007年有28种珍稀濒危种被列入《中国植物红皮书》，如鹅掌楸、银钟树、南方铁杉、观光木、紫茎等，还

武夷山夏日美景

有如武夷山铁角蕨、武夷蹄盖蕨、武夷耳蕨、武夷瘤足蕨、武夷粉背蕨、武夷凸轴蕨等。武夷山的古树名木具有古、大、珍、多的特点，如武夷宫880年树龄的古桂、坑上980年树龄的南方红豆杉等，都具有极高的科研和保护价值。武夷山黑麂、金铁豺、黄腹角雉等11种动物被列入一级保护。

武夷岩茶

◎ 驰名中外的武夷山茶叶

　　武夷山"岩岩有茶，非岩不茶"，武夷岩茶驰名中外。其中，以大红袍名冠其首。汉代史书中虽未见记载，但1958年发掘的城村汉城遗址中曾出土大量陶质茶具，证实了早在汉代时期南平居民就已经开始种植和饮用茶叶。北宋诗人范仲淹曾在其《武夷茶歌》中描述武夷茶："年年春自东南来，建溪先暖冰微开。溪边奇茗冠天下，武夷仙人从古栽。" 朱熹在武夷山水帘洞三贤祠前也有楹联一副，"山居偏隅竹为邻；客来莫嫌茶当酒"，体现出他以茶代酒的待客之道。在16世纪中期，欧洲地区在历史记载中已经出现了中国茶叶的足迹。清康熙元年（1662年），葡萄牙公主凯瑟琳将中国红茶作为嫁妆带到英国，不久红茶便风靡整个英国，形成独特的英国饮茶文化并流传至今。以上略举，足见武夷山茶历史悠久、誉满天下的特点。

　　大红袍景区位于武夷山风景区著名大峡谷九龙窠内。这是一条受东西向断裂构造控制发育的深长谷地，谷地深切，两侧长条状单面山高耸、石骨嶙峋的9座危峰，分南北对峙骈列，独特的节理发育，使峰脊高低起伏。大红袍生长在九龙窠谷底靠北面的悬崖峭壁上。这里叠着一大一小两方盆景式的古茶园，6株古朴苍郁的茶树，枝繁叶茂，已有340余年的历史。

玉女峰

[1] 中国地图出版社. 走遍中国旅游手册［M］. 北京：中国地图出版社，2019.

[2] 张用衡，马东盈. 中华泰山文库·著述书系——泰山石刻史［M］. 济南：山东人民出版社，2019.

[3] 高鼎，于兰兰，贺靓. 中国国家地理·风物中国志：平凉［M］. 长沙：湖南科学技术出版社，2019.

[4] 中国地理学会，朱祖希. 美丽中国：美丽内蒙古［M］. 北京：蓝天出版社，2015.

[5] 多伯. 多麦藏地名山志［M］. 成都：四川民族出版社，2014.

[6] 文化部文物局. 中国名胜词典（第二版）［M］. 上海：上海辞书出版社，2012.

[7] 花平宁，魏文斌. 中国石窟艺术：麦积山［M］. 南京：江苏凤凰美术出版社，2013.

[8] 敦煌研究院. 中国石窟艺术：莫高窟［M］. 南京：江苏凤凰美术出版社，2015.

[9] 亲历者编辑部. 360°全景旅行·大美世界遗产（中国卷全新第2版）［M］. 北京：中国铁道出版社，2017.

[10] 李建红，闫春生. 一张图表看懂避暑山庄［M］. 北京：中华书局，2016.

[11] 黎明斌，王风竹. 武当山古建筑群的测绘与研究［M］. 南京：东南大学出版社，2015.

[12] 孔祥林. 华夏古昔文明漫步：孔子故里——东方智慧的文化殿堂［M］. 杭州：浙江人民美术出版社，2018.

[13] 张晓虹. 九说中国：道观可道的中国［M］. 上海：上海文艺出版社，2019.

[14] 安家瑗. 北京人的发现：中国重要古人类遗址［M］. 天津：天津古籍出版社，2008.

[15] 王云刚，王少如，吉林省集安市文物局. 世界遗产丛书：高句丽王城王陵与贵族墓葬［M］. 上海：上海世界图书出版公司，2008.

[16] 王清华. 行走中国·自然与人文的交响诗：三江并流［M］. 上海：上海文艺出版社，2006.

[17] 旺加. 寻踪世界文化遗产：布达拉宫［M］. 拉萨：西藏人民出版社，2015.

[18] 山西旅游景区志丛书编委会，王融亮. 绵山志［M］. 太原：山西人民出版社，2007.

[19] 武夷山简介：物产资源［OL］．武夷山市人民政府官网：http://www.wys.gov.cn/zjwysshow.aspx?ctlgid=754766.

[20] Properties inscribed on the World Heritage List（中国世界遗产名录）［OL］．UNESCO World Heritage Center：http://whc.unesco.org/en/statesparties/cn.

[21] 于立霄．中国首次公布历代长城总长度：21196.18千米［OL］．中国新闻网 北京新闻：http://www.bj.chinanews.com/news/2012/0606/23752.html.

[22] 遗址概况［OL］．良渚遗址官网：https://www.lzsite.cn/classinfo.aspx?classid=1.

[23] 九寨沟管理局．特色景点：树正瀑布［OL］．九寨沟景区官网：https://www.jiuzhai.com/about/scenic-spot/eature-spot/6104-2017-11-28-15.

[24] 中国红石公园——丹霞山［N］．中国旅游报2009-12-01.

[25] 王亚莹，曾令森，高利娥，高家昊，尚振．藏南特提斯喜马拉雅江孜—康马地区早白垩世辉绿岩地球化学特征及其意义［J］．地质学报，2015，第B10期.

[26] 车冰冰，于颖．盛京守旧殿 金碧在皇宫——清沈阳故宫的保护与修缮［J］．中国文化遗产，2016.